职业体育球迷消费行为研究

耿志伟 段 斌 著

江苏大学出版社

JIANGSU UNIVERSITY PRESS

镇 江

图书在版编目(CIP)数据

职业体育球迷消费行为研究 / 耿志伟,段斌著. — 镇江:江苏大学出版社,2020.12
ISBN 978-7-5684-1492-0

Ⅰ. ①职… Ⅱ. ①耿… ②段… Ⅲ. ①职业体育—球迷—消费者行为论—研究 Ⅳ. ①G84

中国版本图书馆 CIP 数据核字(2020)第 244166 号

职业体育球迷消费行为研究
Zhiye Tiyu Qiumi Xiaofei Xingwei Yanjiu

著　者/	耿志伟　段　斌
责任编辑/	汪　勇
出版发行/	江苏大学出版社
地　址/	江苏省镇江市梦溪园巷 30 号(邮编:212003)
电　话/	0511-84446464(传真)
网　址/	http://press.ujs.edu.cn
排　版/	镇江市江东印刷有限责任公司
印　刷/	广东虎彩云印刷有限公司
开　本/	890 mm×1 240 mm　1/32
印　张/	5
字　数/	140 千字
版　次/	2020 年 12 月第 1 版
印　次/	2020 年 12 月第 1 次印刷
书　号/	ISBN 978-7-5684-1492-0
定　价/	45.00 元

如有印装质量问题请与本社营销部联系(电话:0511-84440882)

目　录

第1章　导　论

第一节　问题的提出

2012 年，爱尔兰队成为当次欧洲杯第一支被淘汰出局的球队，但爱尔兰球迷却让球队残酷出局的现实变得十分温暖。当时欧洲杯历史上执教年龄最大的主帅、73 岁的老特拉帕托尼坚持冒雨站在场边指挥，球员仍然在场上拼搏，现场所有爱尔兰球迷集体起立，高唱爱尔兰队助威之歌《阿萨瑞原野》，很多球迷的眼眶泛着泪花，但始终面带微笑。这一刻，球迷只想用歌声表达对球队的不离不弃。这一感人场景足以证明西方职业体育已经深深扎根于许多人的心灵深处。除在场上追求极限、奋力拼搏的运动员之外，还有无数球迷发自内心的真情表达，二者相互激励、相互感染。从历史角度来看，正是成千上万忠诚的球迷奠定了职业体育的发展基础，形成了时至今日在全世界流行的职业体育。

职业体育产生于西方，是工业文明与市民社会的产物。西方职业体育在 100 多年的发展历程中，拥有广泛深厚的政治基础、经济基础和群众基础，在经营管理过程中形成了一套与西方社会、经济、法律制度相适应的职业体育规范。

从经济学观点看，一些竞技运动项目独特的观赏性和观众对它的观赏需求是其产生的基本原因，而球迷则是推动职业体育产生、发展和不断壮大的根本力量。

从社会学视角来看，球迷在职业体育领域中的角色是"多元化"的：球迷是职业体育的"参与者""组织者"和赛场气氛的"制造者"，是保证职业体育产业顺利运行的忠实"消费者"，是维持职业体育俱乐部运行的"志愿者"。绝大多数的职业体育运动员都是从球迷时期开始自己的启蒙训练的，还有很多球迷正是儿时种下了难以忘怀并伴随一生的体育梦想，虽不能成为职业体育运动员，但在日后成为职业体育的投资人或合作伙伴。由此可见，球迷在职业体育领域内扮演着众多且重要的角色，职业体育产业要想做大做强，唯有不断扩大球迷基础，培育球迷的认同感与忠诚度，才能获取更高的利润。

本研究拟通过对职业体育领域中球迷的多维价值、行为特征、对俱乐部忠诚的社会心理机制，以及中国职业体育球迷对于国内职业体育联赛服务满意程度的评价与反思，揭示球迷群体的行为特征和社会心理特征，为供给侧结构性改革背景下中国职业体育的制度建设和制度创新提供借鉴意义。

第二节　国内外相关问题研究综述

一、　国内关于职业体育球迷行为与动机的相关研究

随着我国社会主义市场经济体制的确立和完善，原本作为公

共服务的中国体育也开始了变革，体育产业成为中国经济结构转型过程中重要的"新经济增长点"。足球率先进行职业化试水，篮球、排球、乒乓球、羽毛球等体育运动项目也相继开始了市场化的尝试。球迷，作为职业体育中的需求侧，在职业体育的发展中具有支配作用。西方职业体育"自下而上"的发展过程构建了其球迷独特的社会心理，即球迷对于所钟爱的俱乐部（球星）具有极高的忠诚度。因而，对于职业体育球迷与众不同的行为研究则成了职业体育研究领域中的热点。与国外不同的是，由于中国职业体育市场发育较晚，且一直以来仍有以行政干预的手段推动职业体育发展的惯性思维，造成了国内学者对国内职业体育球迷的研究敏感度不高，研究成果相对比较匮乏，但随着中国职业体育产业的纵深发展，球迷问题总会不期而遇地出现在研究者的面前。现对国内近些年的相关研究进行归纳总结。

（一）关于球迷消费行为的研究

目前，国内学术界对于球迷消费行为的深入研究还不是很多，研究成果主要包括：刘志云和高玖灵以湖北省足球球迷为调查对象，验证了球迷的可支配收入与其支持球队的相关消费之间存在的密切关系，并指出我国足球球迷具有被引导至高消费阶段的巨大潜力①；徐波以北京市足球球迷作为调查对象，总结出北京足球球迷的人口统计学特征，并进一步指出满足嗜好型、现场体验型、地缘亲情型、情感宣泄型、追星型等是球迷的主要购买

---

① 刘志云、高玖灵：《湖北省足球球迷月收入与足球消费关系的初步研究》，《武汉体育学院学报》，2004 年第 1 期。

动机①；唐玉通过论证球迷消费行为与俱乐部经营的影响，认为球迷消极消费行为对俱乐部经营的负面影响明显，而俱乐部的不良经营也会改变球迷的消费行为②。

（二）关于职业体育球迷忠诚度的研究

职业体育球迷忠诚度是预测其行为的重要指标。毛志晨在《关于职业足球球迷文化的初步研究》一文中对球迷忠诚度进行了实证研究，并从球迷对球队支持度、球迷消费行为指标的统计中得出我国球迷还没有表现出长期和持续的支持行为③。郭传鑫以消费者卷入度作为研究指标对职业体育球迷进行了研究，结论认为球迷的"感知价值、体育迷情节以及参照群体"是球迷卷入度的影响指标；同时还对职业体育球迷的卷入度进行评价并划分等级④。

影响职业体育球迷忠诚度的因素和构建测量指标体系是评价球迷忠诚度的基础。郑振友和卢涛对体育观众赛事忠诚度影响因素和测量的研究提供了有力的依据，他们的研究将职业体育球迷忠诚度的影响因素划分为"赛事认知、总体评价、赛事价值判断、球迷满意、球迷观赛与消费习惯、向他人推荐"等六个方面；同时还对各个影响因素的评价指标进行了研究，研究表明，职业体育球迷对联赛或俱乐部的总体评价的考察可以从其"重视度"和"满意度"两个维度构成的交叉的二维平面进行评价，

---

① 徐波：《北京国安足球俱乐部会员与非会员球迷主场球赛消费行为的调查研究》，北京体育大学硕士学位论文，2002年。

② 唐玉：《球迷的消费行为对足球俱乐部经营影响的研究》，西安体育学院硕士学位论文，2010年。

③ 毛志晨：《关于构建职业足球球迷文化的初步研究》，扬州大学硕士学位论文，2006年，第29-33页。

④ 郭传鑫：《对体育消费行为中卷入度的探析》，《广州体育学院学报》，2008年第3期。

进而使评价落入四个象限中，每个象限代表不同的水平和特征。此项研究为进一步的量化实证研究提供了理论支持[①]。

此外，部分学者还对提升职业体育球迷忠诚度的策略进行了探讨。李凌云、陶玉流从顾客忠诚的理论视角对我国 CBA 联赛的球迷忠诚影响因素和提升路径进行研究，结论表明"联赛的产品质量、球迷对赛事的满意度以及球迷价值"等为重要的影响因素，相应的研究者认为可以通过"确立 CBA 市场和顾客导向相结合的营销战略、提升联赛比赛质量满足球迷需求的驱动机制"来提升球迷对联赛和球队的忠诚行为[②]。张斌则以基于服务价值链的理论模型为基础，提出提升运动员的职业满意度和价值理念是保持球迷满意度的前提条件，虽然该研究仅对概念架构进行了探讨，并没有相关实证数据的支持，但提供了新的思考方向[③]。

（三）关于球迷行为和参与动机的研究

职业体育联盟营销策略与球迷行为的关系也是学术界关注的焦点，职业体育联盟和俱乐部十分关注球迷的期望。俞爱玲通过对世界女子篮球联赛的现场观赛观众进行实证研究，并采取多种指标对现场球迷的特征及其观赛期望进行调查和评价，最后对球迷特征、期望和联赛所提供的营销策略及服务进行了相关性探讨。结论认为，体育赛事提供方在制定赛事营销方案和提供现场服务的策略选择上应考虑观众的特征及其期待水平，方可提升现

[①] 郑振友、卢涛：《体育观众赛事忠诚度的构成因素及其测量》，《井冈山学院学报》，2007 年第 2 期。

[②] 李凌云、陶玉流：《CBA 赛事球迷忠诚度影响因素及其提升路径研究》，《哈尔滨体育学院学报》，2011 年第 10 期。

[③] 张斌：《提升我国职业体育俱乐部体育迷忠诚度的策略研究——基于服务利润链模型的分析》，《运动》，2013 年第 11 期。

场观众的满意度水平①。

此外，球迷观看职业体育比赛的动机、球迷动机与球迷满意度和忠诚度的关联程度，以及职业联赛如何提高球迷的观赛动机等问题也同样引起国内学者的关注。谭涌、李庶品、牛锦山对我国足球重点城市的球迷观赛动机进行了分析，将影响球迷动机的因素归纳为，"比赛场面不精彩，整体水平偏低；球队联赛成绩不佳；假球、黑哨影响比赛观赏性；国家级球队成绩不佳等"②。李大山和苏建军对我国职业足球球迷忠诚度较低的实际情况进行分析，指出我国职业足球领域存在的严重"信任危机"，主要表现在观众对"足球体制的不满、对裁判不满、对球员表现不满"等方面，深层次原因则体现在足球文化意识淡漠、足球职业化发展急功近利及资源分配不均等，研究层次直接指向现行足球管理体制问题③。

综上所述，国内学者对职业体育球迷观赛行为的研究已形成系统，部分学者从球迷对联赛或俱乐部的忠诚度、满意度的角度深入分析影响球迷忠诚度的因素，并运用理论和实证的研究方法对球迷忠诚度和满意度的评价测量指标进行分析，希望通过评价球迷的观赛特征和观赛预期进而调整联赛或俱乐部的服务质量。还有一些研究者认为，职业体育球迷的忠诚和其观赛满意度受到我国特有的体育管理体制和文化的影响，研究层次已经推进到制度与价值层面探讨球迷行为。然而，我们还必须看到，国内研究

---

① 俞爱玲：《世界女子篮球联赛绍兴市现场观众特征、赛事期望与满意度调查》，《中国体育科技》，2007 年第 3 期。

② 谭涌、李庶品、牛锦山：《足球重点城市球迷观赛动机分析研究》，《成都体育学院学报》，2007 年第 2 期。

③ 李大山、苏建军：《我国足球信任危机对观众忠诚度的影响研究》，《贵州体育科技》，2010 年第 9 期。

在数量上还相对不足，而且理论分析多，实证研究少，与现实发展仍有一定差距。因此，立足于我国职业体育发展实际，加强理论和实践的结合，深入探讨职业体育球迷的行为将是今后国内研究学者关注的重点领域。

二、 国外关于职业体育球迷行为与动机的相关研究

国外虽然职业体育产业发展迅速，但是其学术界对于球迷的研究也同样不足。据美国学者统计，美国对于体育迷的研究还不到整个体育科学研究的5%。仅有的研究主要集中在从社会心理、人口统计学角度实证分析球迷消费行为特点、球迷忠诚度、球迷的动机和利益追求、球迷的理念和归属感、球迷的自尊、性别问题、球迷的攻击行为，以及球迷对于球队表现的影响等。

近些年，国外部分心理学家开始从社会学、心理学角度对球迷"参与职业体育比赛而取得社会认同"进行研究，Laverie and Arnett 将女子篮球迷作为研究对象，发现身份凸显性是影响球迷相关行为的最重要因素[1]。他们研究的模型基于社会认同理论、参与理论、归属和满意理论。Cialdini 通过对于体育球队认同的研究，认为球队经常将自己与成功的群体相联系（有种狐假虎威的感觉），并与不成功的群体保持距离，用于解释球迷喜欢参与球队胜利的比赛而不喜欢参与球队失利的比赛这种特别行为[2]。

① Laverie D, Arnett D. "Factors affecting fan attendance: the influence of identity salience and satisfaction," Journal of leisure Research, 2000, 32 (2): 225 –246.

② Cialdini R B, Border R J, Thorne A, Walker M R, Freeman S, Sloan L R. "Basking in the reflected glory: Three (football) field studies," Journal of Personality and Social Psychology, 1976 (34): 366 –375.

Lee ① 对职业体育篮球迷的自尊和社会认同进行了研究，Wann and Branscombe② 的研究重点在于球迷对于俱乐部社会认同的理性成因与非理性选择，Murrell and Dietz③ 则描述了球迷支持球队的团队认同效果，Wann④ 侧重于研究影响球迷对于球队认同的起源、发展和结束的因素。End, Kretschmar, Dietz - Uhler⑤ 从社会学角度按照体育迷的性别特征研究体育迷个性的发展。Madrigal⑥ 通过对现场观看职业体育比赛的球迷进行研究表明，球迷的自我认同更加倾向于体验并享受体育带来的快乐并逐渐参与其中的过程。

除球迷社会认同的研究之外，球迷对于俱乐部的忠诚研究也受到了国外学术界的广泛关注。忠诚属于心理学领域，成因非常复杂，很难测量和理解。学术界对忠诚的研究已经开始很多年，但仅仅局限于对于品牌忠诚的研究，即如何留住顾客是盈利的关键。顾客忠诚和影响顾客不满意的因素及他们的关系是决定因素。然而即便是对于顾客满意和顾客保留的研究仍有很多不同的

① Lee M. "Self - esteem and social identity in basketball fans," Journal of Sports Behaviour, 1985.

② Wann D L, Branscombe N R. "Die - hard and fair - weather fans: Effects of identification on BIRGing and CORFing tendencies." Journal of Sport and Social Issues, 1990.

③ Murrell A, Dietz B. "Fan support of sports teams: The effect of a common group identity," Journal of Sport and Exercise Psychology, 1992.

④ Wann D L, Tucker K, Schrader M. An exploratory examination of the factors influencing the origination, continuation and cessation of identification with sports teams," Perceptual and Motor Skills, 1996.

⑤ End C M, Kretschmar J M, Dietz - Uhler B. "College students' perceptions of sports fandom as a social status determinant," International Sports Journal, 2004, 8 (1): 114 - 124.

⑥ Madrigal R. "Investigating an evolving leisure experience: Antecedents and consequences of spectator affect during a live sporting event," Journal of Leisure Research, 2003, 35 (1): 23 - 45.

结论。一些研究认为顾客满意和顾客保留有着很密切的关系，还有一些研究则持相反的态度，认为两者之间的关系并不重要。

国外学术界最早对于体育领域忠诚的研究开始于 1991 年，即 Backman and Crompton 对休闲和旅游的顾客忠诚研究①。研究着重分析了回头客的体验目标、行为选择、行为习惯及回头客的经历和计划，并从不同的角度诠释体育休闲顾客忠诚的内涵；研究进一步指出绝大部分度假胜地包括滑雪场是非常依赖回头客的，但是仍然不能解释人们重复光顾相同地点或体育比赛的行为动机。重复光顾的行为是不能用简单的行为测量解释的，因为重复光顾还受到态度和环境的影响。市场营销学主要通过态度和行为测量来评价消费者忠诚，态度和行为的品牌忠诚是有关联的，通过态度和行为两个维度对消费者忠诚进行测量和评价是服务产业领域比较认同的测量手段，对于研究职业体育球迷的忠诚而言也是一个有效的方法。

态度和行为的忠诚交叉验证了真正忠诚的本质。Ditton, Loomis 和 Choi 通过对体育垂钓者的行为进行研究，表明社会价值取向对于参与者态度特征能够提供更有价值的理解②。很多研究者开始关注社会价值取向对于忠诚的影响。例如，Gounaris and Stathakopoulos 于 2004 年在对品牌忠诚成因的研究中指出购买行为、情感归属、社会影响（社会团体影响和个体的推荐）是忠

---

① Backman S J, Crompton J L. "Using a loyalty matrix to differentiate between high, spurious, latent and low loyalty participants in two leisure services," Journal of Park and Recreation Administration, 1991 (9)：1 – 17.

② Ditton. "Recreation specialization：Reconceptualization from a social worlds perspective," Journal of Leisure Research, 1992, 24 (1)：33 – 51.

诚的诱因①。Iwasaki 和 Havitz 则创立了一个理想模型用于解释参与动机、心理承诺和忠诚的关系②。一个忠实的参与者必须有一个心理接受的过程。此外，心理承诺和情感归属也被视为态度忠诚的组成部分，其中信任和承诺是忠诚的起因。Gounaris 和 Stathakopoulos 在 2004 年的研究中进一步指出作为一个忠实的消费者，当其发展到了对产品和服务有高程度归属感的时候，他们甚至不顾牺牲自身的利益进行交易。国外学术界对于球迷忠诚的研究在早期主要集中通过观众上座率、收视率等指标来描述球迷忠诚，近期的研究则开始转向态度和行为的双维度研究。

美国著名体育心理学家阿诺德·贝塞尔，对球迷忠诚有几段非常精彩的分析。他认为：娱乐和享受不足以说明美国体育迷对职业体育俱乐部的忠诚、对体育的狂热和愿意为观看体育比赛作出牺牲。在人类社会中，人人都需要感到他与其他人有联系。随着传统的人口众多的大家庭的解体，这种联系细如游丝。体育比赛弥补了这一社会缺陷，成了很多人相互联系的渠道。因为，体育比赛可以使人们有一个集合点——运动场上的看台。球队需要球迷的支持，希望球迷凑在一起，为他们叫好助威。同时，球迷更需要通过观看职业体育比赛与他人联系感情。

除此之外，国外还有一些学者专注于个体成为球迷最初动因的研究，Wann，Tucker，Schrader（1996）认为父母的影响、球员的天资水平和个性、同伴的影响、地理位置和球队的成功是影响球迷对于俱乐部认同的因素，同时俱乐部胜率是影响球迷认同的

---

① Gounaris, Stathakopoulos. "Antecedents and consequences of brand loyalty: An empirical study," Journal of Brand Management, 2004, 11 (4): 283 – 306.

② Iwasaki, Havitz M E. "A Path analytic model of the relationships between involvement, psychological commitment, and loyalty," Journal of Leisure Research, 1998 (30): 256 – 280.

最关键因素①。在 Wann 的研究基础上，Jones 在 1997 年的研究中提出俱乐部所处的地理位置是球队认同的最主要因素。当然，以上研究结论都有一定的局限性。

总而言之，强大的球迷基础对于职业体育产业而言至关重要。体育管理者必须要了解是什么动力在驱使人们参与和观看比赛，以及球迷对于体育产品和服务的忠诚是如何发生的？职业体育球迷和观众的独特性必然需要学者特别的对待，而现有的研究角度主要从体育经营者出发，满足体育市场营销者的需要，缺乏从球迷视角对球迷参与动机、对于职业体育俱乐部忠诚度、消费行为及对于职业体育产品满意度的深入剖析。

第三节 研究方法与研究思路

一、研究方法

（一）文献资料法

本研究采用文献资料研究法，在国家图书馆，北京体育大学、清华大学等高校的图书馆，以及"中国期刊网"收集和查阅了有关体育社会学、管理学、市场营销学、社会心理学、观众心理学、新制度经济学、体验经济学等方面的资料，作为本研究的研究基础。通过搜集职业体育球迷领域的相关研究发现问题，为本研究做出系统的评判性分析。

---

① Wann D L, Tucker K, Schrader M. "An exploratory examination of the factors influencing the origination, continuation and cessation of identification with sports teams," Perceptual and Motor Skills, 1996 (82): 995 – 1001.

（二）问卷调查法

1. 调查对象

北京市回龙观地区篮球联盟、朝阳区双井足球俱乐部的成员，河北省秦皇岛市高校球迷协会及河南师范大学球迷协会。

2. 问卷设计

设计的问卷主要包括以下三个方面的内容：（1）被调查球迷的个人基本信息，（2）职业体育球迷基本情况调查，（3）开放问题。问卷设计完毕，进行并通过了专家效度检验，在问卷发放之前进行了小范围的试测，并对所发现的问题进行了改进。调查问卷见附录 A。

3. 问卷的发放与回收

本次对北京市回龙观地区篮球联盟、朝阳区双井足球俱乐部的会员，以及河北省秦皇岛市高校球迷协会、河南师范大学球迷协会等进行抽样调查，回收有效问卷 358 份。问卷发放、回收情况如表 1-1 所示：

表 1-1　问卷的发放与回收

	发放问卷	回收问卷	有效问卷	回收率	有效率
回龙观地区篮球联盟	88	83	80	94.3%	96.4%
朝阳区双井俱乐部	104	99	97	95.2%	98%
秦皇岛市高校球迷协会	96	89	85	92.7%	95.5%
河南师范大学球迷协会	103	99	96	96.1%	97%

4. 问卷的效度检验

为确保问卷的有效性，请 10 位高校体育社会学、管理学、教育学教师对问卷进行内容效度评价，再根据其所提意见对问卷进行必要的修改和补充。专家对问卷设计总体评价情况见表 1-2。

表 1-2　专家对问卷设计总体评价的情况

	很好	较好	一般	较差	很差
评价情况	1	7	2		

5．问卷的信度检验

本论文的问卷信度采用"测量—再测量"的方法进行检验，在第一次回收问卷一周之后，对部分第一次填答问卷的人员（60名）进行重测，对两次调查的数据采用比较一致率的方法来处理，若一致率较高，则认为信度较高。分析结果如表 1-3 所示：

表1-3 问卷信度检验情况

题目序号	1	2	3	4	5	6	7	8	9	10	11	12	13	14	15	16
一致	52	51	50	55	51	45	46	50	51	55	54	53	51	56	57	55
不一致	8	9	10	5	9	15	14	10	9	5	6	7	9	4	3	5
一致率	87%	85%	83%	92%	85%	75%	77%	83%	85%	92%	90%	88%	85%	93%	95%	92%
题目序号	17	18	19	20	21	22	23	24	25	26	27	28	29	30	31	32
一致	54	51	52	57	48	47	46	53	56	53	54	47	49	50	51	54
不一致	6	9	8	3	12	13	14	7	4	7	6	13	11	10	9	6
一致率	90%	85%	87%	95%	80%	78%	77%	88%	93%	88%	90%	78%	82%	83%	85%	90%

（三）专家访谈法

通过对北京国安球迷协会和北京市石景山区体育协会相关负责人进行访谈，掌握他们对职业体育联赛产品、球迷需求、球迷忠诚俱乐部的行为特征、球迷对于职业体育俱乐部的情感等方面的认识和看法。访谈提纲见附录 B。

（四）数理统计法

运用 Excel 软件对问卷调查所得到的有关数据进行整理和统计，运用演绎和归纳等方法试图在实证的基础上，对已知事实做出理论描述、分析及概括总结。

二、 研究思路与章节导读

（一）研究思路

本书研究思路是以职业体育球迷作为研究重点，首先通过刻画西方职业体育发展的普遍逻辑与一般规律，明确职业体育球迷的社会心理基础与形成机制；其次，通过对职业体育产业竞争环境与职业体育经营管理模式的探析，明确球迷的核心定位，进而分析球迷对于职业体育的多维价值；再次，通过问卷调查法对职业体育球迷的消费行为特征进行分析，找到球迷对于职业体育俱乐部忠诚的特征，并按照忠诚和消费行为两个维度对球迷进行分类；最后，从球迷角度对职业体育产品进行设计，为提高球迷对于职业体育联赛的体验提供理论借鉴。

（二）主要章节导读

第 1 章"导论"。本章提出选题依据，对国内外文献进行综述和评析，确定研究对象和研究方法，对相关概念进行界定，概述本书的核心思想和主要内容。

第 2 章"西方职业体育发展的普遍逻辑"。本章以工业革命中社会生活的变化为逻辑起点，探索现代体育产生的基本原因，进而推导出西方职业体育发展的一般规律，并阐释职业体育产生的物质、技术和社会心理基础。

第3章"职业体育产业竞争环境与产业经营模式的分析"。本章将职业体育联盟作为研究对象，运用五力模型对职业体育联盟的行业竞争环境进行剖析，明确职业体育联盟所处的环境；从职业体育主要利益相关主体出发，描述职业体育产业中的经营模式，进而引申出球迷之于职业体育的根本价值与意义。

第4章"球迷之于职业体育的多维价值分析"。本章主要讨论球迷在维系职业体育发展中的重要作用及球迷在职业体育中所扮演的各种角色，以此说明球迷是职业体育发展和不断壮大的力量源泉。

第5章"职业体育球迷的消费行为特征分析"。本章采用问卷调查法对球迷的成因和影响因素进行实证分析，并对职业体育球迷的消费行为特征进行归纳总结。

第6章"球迷对于俱乐部忠诚的形成机制研究"。本章从球迷忠诚对于职业体育俱乐部的价值与意义作为出发点，运用品牌忠诚的内涵对球迷忠诚的本质进行界定，并从球迷情感参与的角度出发刻画出球迷从参与到忠诚的心理过程，进而深入讨论球迷忠诚的心理特征和行为特征，找到保持球迷忠诚的路径，同时按照球迷忠诚程度和消费行为特征两个维度对球迷分类。

第7章"中国职业联赛球迷满意度的分析"。本章从中国球迷对于职业联赛的满意度和期望入手，找到球迷需求的内在动力——球迷偏爱结果不确定性的比赛，运用竞争平衡理论和赛程设置对职业体育产品进行重新设计，以提高球迷的满意度。

第8章"体验经济视角下职业体育产品体系的构建"。本章从体验经济的视角出发，根据服务开放系统理论和服务包理论，通过对职业体育产品体系的分析与描述，进一步明晰职业体育内各企业间的互动机制，为供给侧结构性改革背景下中国职业体育的发展提供借鉴。

第2章 西方职业体育发展的普遍逻辑

第一节 现代体育是职业体育产生的基础

现代体育是西方社会工业革命之后市民社会所形成的城市文化，是从古代游戏演变而来的竞技性身体运动。职业体育正是在现代体育发展的基础上产生的。现代体育有着庞大的群众参与基础，人们对于现代体育的需求不再停留于参与，开始出现欣赏高水平运动员表演的需求，与此同时自下而上发展的体育协会涌现出一些高水平俱乐部，为职业体育的发展提供了制度保证。

一、 现代体育的本质

现代体育是"一种位于游戏（play）和工作（work）这一连续演变过程中间的一种制度体系化的竞争性身体运动"，是人类特有的文化现象，其文化形态也呈现出一个规律，即从游戏演变成现代竞技运动。现代体育产生于工业革命后，与古代体育明显不同，可以说现代体育是一种城市文明。

（一）现代体育的产生

1. 前工业文明体育的生存状态

前工业文明时代，人们尚处于日出而作日落而息的生活节律，按照马斯洛的需要层次理论，在农耕社会日常生活的价值判断中，生产劳动是具有支配地位的优势需要，农业生活中并没有为体育运动留下合适的位置。当时的工作要么是在离家不远的田野中进行，要么就是在家中进行，工作时人们可以随意交谈，也可以顺便处理杂事，工作与休闲几乎没有明确的时间界限。人们只有到了农闲季节方可参与各种休闲活动，同时因为时间有限，当时的体育休闲活动往往依附于祭祀、节日庆典、劳动技能训练、军事训练等活动而存在。人类学家斯普顿和考恩斯在研究毛利文化的报告中指出，毛利人任何层面的经济生活中，都伴随有消遣娱乐的成分，不管他们是捕鱼、捉鸟、耕田，或是盖房子、造独木舟，所有这些场合中，都能找到可以被认为是娱乐性活动的痕迹，这些娱乐性活动有唱歌跳舞，同样也有游戏①。人们在生活中已经有了一些以身体运动为主要方式的游戏，这种游戏与现代体育存在巨大差异，人们的生产生活方式并不能保证他们能够在固定的时间和地点进行有组织、制度化的竞赛活动。他们只能在祭祀、节日庆典、劳动技能训练、军事训练等活动中借机展露自身的游戏天性，但我们并不能将其称之为体育。

可以说，工业革命之前的以体育艺术为代表的休闲活动并没有在人们生活中获得一个合法的地位，体育潜藏在了祭祀、节日庆典、劳动技能训练、军事训练等活动中，直到工业革命之后真正属于体育的时间与传统时间决裂，才为体育运动创造了"单

---

① 杰弗瑞·戈比：《你生命中的休闲》，云南：云南人民出版社，2000 年，第34 页。

飞"的条件。

2. 工业文明催生了现代体育的 "单飞"

中世纪时期的欧洲虽然民众十分喜欢参与各种各样的体育运动，但是俱乐部组织的比赛和正规的比赛却十分罕见，只有两个地域临近的团体进行对抗性比赛的时候，这种固定的组织才容易出现，也只有那些永久性的组织出现了才开始有了真正意义上的现代运动①。对于体育而言，人们更加关注的是娱乐游戏活动是如何变成制度化的运动体制，即一般的民间娱乐活动是如何成为有组织的俱乐部和比赛。

直到 19 世纪，伴随着文艺复兴、宗教改革和启蒙运动，西方社会开始了结构性的大变革，这种结构性变迁从经济角度来看是从农业社会过渡到工业社会（需要澄清的是，农业社会不是没有工业，只是工业在国民经济中所占比重小）。这种结构性变迁被称为人类历史中现代化的过程。这种现代化过程直接表现为工业社会城市文明的兴起，即人口向城市集中，大量的农村人口从农村涌向城市，"日出而作日落而息"的农耕生活方式被彻底消解。

工业革命之后，农民成为各式各样的工厂员工，与工厂签订了合同，每天上午和下午累计工作 8 到 10 个小时，工作方式也变成了"上下班"的制度。在上班的时候，由于合同条款的约束，工人们是不能参与休闲活动的，但下班时间则由工人自由支配。然而，又一个棘手的问题出现了：工人们过去在农村玩的游戏到了城市之后已不具备条件，在资本主义最初的一段时间里人们开始选择一些不理性的休闲方式消磨时间，酗酒、赌博等行为

---

① 约翰·赫伊津哈：《游戏的人》，广东：花城出版社，2007 年，第 230 页。

成为下班生活的主流，引发的打架斗殴事件层出不穷，犯罪率猛增，使得城市动荡不安，对资本主义秩序构成了极大的挑战。在此背景下，工厂老板、学者、教会等各种社会力量纷纷加入到维护社会稳定的活动中，其中有一些社会改良家一针见血地指出此次社会危机的出现，其根源在于人们不能理性地解决休闲问题。他们认为当时工人阶级的休闲活动实在太不理性，从而提出要"休闲革命"，努力将利他动机和个人利益融合起来处理这场危机。于是读书会、唱诗班、绘画社等成人教育活动应运而生，其中还有一类活动也被列入其中。人们将原来一些竞争性的游戏进行略微调整，制定详细规则保证比赛能在公平公正的条件下进行，既规范工人们的行为，又缓解了工业化所引发的人的心性的消极变化，自此现代体育作为独立的社会实践走向人类历史舞台。诚然，比赛的规范与工业生产所造就的开放的世界是相协调的，通过创造性地改造，民间很多竞技性质的身体运动都去掉了"轻松随意"的特点，取而代之的是严肃、标准的技术体系与规则要求，这使得人们可以在现代体育中不断地突破自身的限定，收获身心在极限状态中达成和谐的审美享受，从而使现代体育受到了人类世界的追捧，迅速在人们的生活中普及开来。

二、 西方职业体育：现代体育语境中的竞赛表演业

从现代体育的发展历史可见：体育是西方社会的本土文化，受到了占社会支配地位的工人阶级的广泛认同，人们对于体育的内在需要成为西方体育发展壮大的核心力量。在西方体育发展之初，政府与市场均未参与其中，工人们为了更好地满足体育的需要则自发地组成了各种各样的基层体育组织即民间力量，这些基层体育社团不仅能保障成员们休闲娱乐的需要，还可以满足人们

的社会参与需求，增强社会凝聚力，扩大社会交往，和睦邻里关系，等等。

鉴于现代体育竞争性的特点，各个组织之间为了一争高下开始进行各种各样的比赛，而比赛的进行必须要有一个正规的组织作为保障，因此在一定区域内就出现了专门负责组织竞赛的小协会。小协会是自下而上成长起来的，于是就有了自上而下的管理，体育组织与管理同时出现。以此类推，有了协会，一直到了全国协会的出现。法国人顾拜旦也正是借助这样的发展模式，从中发现体育运动可以成为世界性的教育运动，并于1894年组织召开了国际奥委会。职业体育恰恰是在现代体育的基础产生并发展起来的精英体育，是以基层俱乐部为基础，观赏性极强的高水平体育。（如图2-1所示）

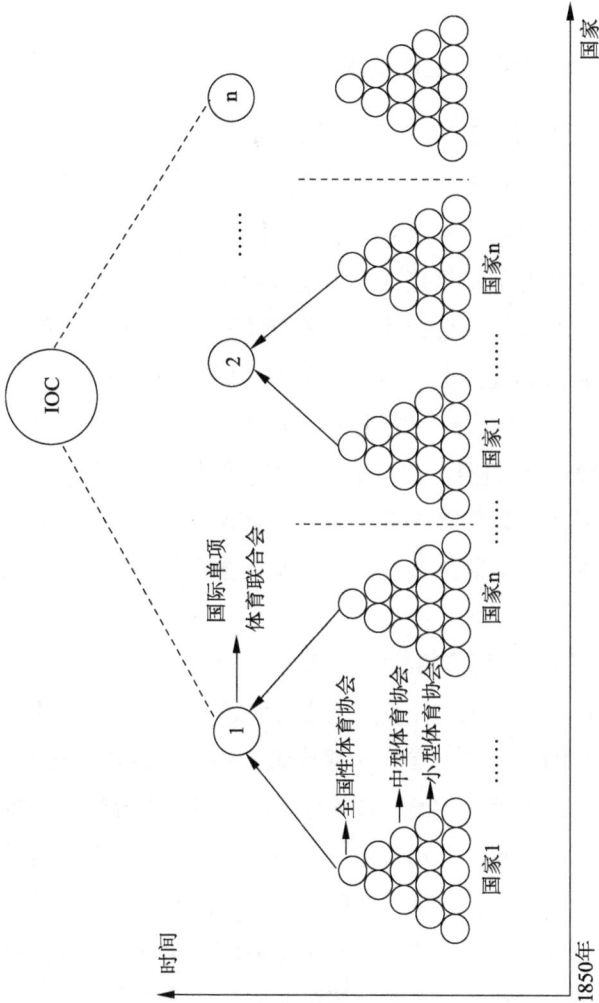

图 2-1 西方现代体育起源示意图

第二节　西方职业体育发展的普遍逻辑

一、　职业体育产生的基础

（一）职业体育产生的社会心理基础

由于现代体育自下而上的发展特点，球迷会不断地从各级别的联赛中追寻自我，从而便产生了一种特有的情感：人们从喜欢这个运动项目升华到热爱这个运动项目甚至忠诚于某支俱乐部，从对于一个社区小球会的爱，升华到对职业体育俱乐部的爱乃至对于国家队的热爱。也正是拥有了如此庞大和忠诚的球迷基础，现代体育才拥有了不断的发展、完善和壮大的根本动力。像2012年欧洲杯小组赛，在爱尔兰队连续两场铁定出局的情况下，几万爱尔兰队球迷没有指责、嘘声、谩骂，相反用嘹亮的歌声在雨中表达对自己球队的爱，如此感人的情景在职业体育领域屡见不鲜。

（二）职业体育产生的物质基础

职业体育是在现代体育产生之后随之产生的，其本质是运动员运用高超的体育技能参加比赛或者表演，满足观众观赏需要，并以此作为谋生手段的商业性体育活动。职业体育最突出特点是运动员要具有高超的运动技能与技巧，这种超乎常人的运动技能与技巧不仅需要刻苦的训练和比赛的磨练，还需要运动员对于特定运动项目具有天赋、悟性，同时还必须要有一大批铁杆球迷的支持来为球员提供表演舞台。按照上述对于现代体育产生的研究表明，职业体育应该是从每个国家更高一级体育组织分离出来的，并且需要该运动项目观赏性很强，具备一定的市场基础，能够吸引众多的球迷和观众。职业体育属精英体育，球迷是购买职业联赛产品的消费者，是职业体育的"血库"。

西方职业体育的产生与现代体育自下而上的发展息息相关，从自发性基层体育组织的建立，延伸到更高一级协会直至全国协会，这种发展模式为职业体育的发展奠定了物质基础。西方职业体育的发展是民间力量的发展，民间力量是中坚力量。再加上体育休闲娱乐专家的出色组织，职业体育具备了从现代大众体育分离出来的必要条件。随着运动项目的普及，喜欢参与体育运动的人越来越多，而参与的人多，爱看的人就越多，爱好者就开始钻研运动技术，以提高运动技术水平，甚至有一部分人为了能够更好地比赛，将临近的几个组合组织起来成立了小联盟。

数据表明，只有 648 万人口的瑞士，在 20 世纪 90 年代初期体育俱乐部总数多达 3 万，平均每 216 人就有一个体育俱乐部，会员总数达 330 万，约占全国人口的 52%。法国有各类体育俱乐部 16.5 万个，会员 1300 万人，约占全国人口的 25%。瑞典有体育俱乐部 4.5 万个，会员总数近 250 万人，约占全国人口的 30%。日本社区体育俱乐部共 50 万个，会员 1200 万人，约占全国人口 10%。日本为大力发展青少年体育，还提倡成立青少年体育俱乐部。这类俱乐部 1986 年共有 2.9 万个，会员逾 11 万人，无数的俱乐部构成了职业体育的基础①。

欧洲足球席卷整个世界也正是依靠全社会民间足球力量的参与，欧洲职业联赛的基础是千千万万的球迷，这些球迷从儿童时期就开始参加低级别的联赛，从社区之间的联赛到城镇级别的联赛，只要是喜欢都可以参与其中。以英格兰职业足球为例，英格

---

① 纪康宝：《体育俱乐部市场化运作与现代化管理实务手册》，吉林：吉林电子出版社，2010 年，第 3 页。

兰的超级、甲、乙、丙等数级联赛是其职业联赛。英超联赛是20个队，其他各个级别的职业联赛都是24个队。丁级联赛是英格兰业余联赛的最高级别，下面是三个大区的联赛，每个大区按照行政区划进行比赛，并采用升降级的赛制，每个赛季丁级联赛降3支球队，三大区各出1支升级的队伍，这样联赛在英格兰就有1000多个。在英格兰，关于足球的组织众多，不仅包括职业联赛球队，还包括各种各样的球迷组织、体育媒体组织等，几乎应有尽有。在英足总的注册系统内，参加各级别比赛的球员人数能够达到250万，整个英国的人口大约5000万，即20人里面就有一个人在踢球；而中国足球开展最好的城市大连拥有500多万人口，如果按照英国足球比例来算，应该有25万到30万人踢球，但实际上却连几十分之一都达不到。西方职业体育是全社会共同参与和创造的系统，几乎每一个人都在做贡献。

二、 职业体育制度形成的新制度经济学分析

（一）职业体育运动员的出现

与职业体育相对的概念是业余体育，所谓业余体育是指人们在余暇时间从事的以休闲娱乐为主要目的的各种体育活动。按照业余体育的性质，现代体育首先是广大工人阶级参与的业余体育活动，人们参与体育的动机仅仅是休闲娱乐，而不是经济利益。起初，人们信奉的是业余原则，对于专业运动员参与的比赛是抵制的。但是随着球迷基础的不断扩大，喜欢参与体育运动的人不仅是自己享受乐在其中，更喜欢观摩高水平的比赛，球迷开始产生了对于高水平比赛欣赏的需求，后来一些商人关注到球迷们这一需求，认为这样高水平的比赛有利可图。于是他们开始投资建设拥有看台的可供球迷观看的专业比赛场地，以便球迷们更好地

观赏比赛，并通过销售门票的形式获取利润。

最初的运动员大部分来自工人阶级和学生，他们除了参加比赛之外更重要的是工作和学习。随着越来越多的人关注比赛，出色的运动员开始有了出场费，而且每周参加比赛所得的出场费远远高于每月的工资。于是出现了由于选择而产生的机会成本。机会成本是经济学原理中一个重要的概念，即一种经济资源往往具有多样用途，选择了一种用途，必然要丧失另一种用途的机会，后者可能带来的最大收益就成了前者的机会成本[①]。机会成本虽然不构成一般意义上的成本和企业的实际支出，但它是决策者进行正确决策所必须考虑的现实因素。忽视了机会成本，往往有可能使投资决策分析发生失误。面对此种情况，实力雄厚的俱乐部开始决定招募运动技术水平高的工人和学生加盟，与他们签订合同，专门为球迷表演，以获得更大的经济价值。

显而易见，职业体育的产生存在很大的机会成本，按照现代体育自下而上的产生机制，高层协会自然而然的分离出职业体育。此外，职业体育还通过分等级联赛直至甲级联赛或者超级联赛，甚至在一定区域内还出现了国家与国家之间的职业联赛，例如欧洲冠军联赛，以保证联赛产品的质量和延续性。

（二）职业体育联赛赛制的确立

匈牙利经济学家提勃尔·西托夫斯基在《无快乐的经济》一书中指出："人类富足之后主要的表现是更频繁地聚会吃喝，他们会增加自己认为重要的聚会和节日的数量，直到最终把他们变成像周末晚宴那样的惯例。"[②] 职业体育的赛制也正是随着参

---

① 丛湖平：《体育经济学》，北京：高等教育出版社，2004 年，第 130 页。

② Tibor Scitovsky. The Joyless Economy：The Psychology of Human Satisfaction，revised edition（New York：Oxford University Press，1992），PP. 67.

与人数越来越多，比赛不断增加，从先前的无固定时间的友谊赛发展到每周末固定时间进行的联赛赛制。随着职业体育俱乐部数量的增加，城市内甚至城市与城市之间俱乐部的交流的增多，每个俱乐部开始越来越关注胜负关系，因为俱乐部获胜可以吸引更多的观众关注，从而带来更多经济利益。

在没有固定的联赛赛制之前，各个俱乐部之间都是以友谊赛的形式进行比赛的。俱乐部会提前发放球队比赛的宣传册，告知球迷比赛的对手、时间和地点等球队比赛基本信息，球迷在接到宣传册后会在比赛当天去现场购买门票观看比赛。但是，当时俱乐部或者运动员爽约的情况时有发生，可能连续几周的比赛因为不同的原因被取消，让球迷们感到非常失望，原本的比赛时间安排表也成了废纸一张。而且，还要付给球员周薪，俱乐部面临破产的危险。无论对于哪种水平的俱乐部来说，每年打场友谊赛都变得越来越难。因此，很多俱乐部只能被迫和那些不受大家欢迎的球队踢比赛，应付观众。

由于俱乐部之间友谊赛的场次不断增加、比赛举办时间和地点的不确定性、再加上高度稀缺的运动员资源，导致俱乐部之间的交换关系变成了不固定交换关系，而不固定交换关系直接带来的后果就是交易成本过高。交易成本（Transaction Costs）又称交易费用，最早由美国经济学家罗纳德·科斯提出。他在《企业的性质》一文中认为交易成本是"通过价格机制组织生产的，最明显的成本是所有发现相对价格的成本""市场上发生的每一笔交易的谈判和签约的费用"及"利用价格机制存在的其他方面的成本"[1]。

---

① 盛洪：《现代制度经济学（上册）》，北京：北京大学出版社，2003 年，第104 页。

　　显而易见，友谊赛的赛制模式直接导致俱乐部的交易成本过高，不能满足球迷观赏比赛的需要。交易成本往往被视为市场经济中的噪音，只有消除掉噪音才能孤立出经济中真正变数与被变数之间的关系。追求利益最大化的俱乐部为了降低交易成本，必须要在每个赛季安排固定的时间保证俱乐部之间能够在主客场比赛，随之而来的就是几支俱乐部组成了职业联赛。联赛赛制的出现，为后来职业体育的发展提供了坚实的基础，并使得职业体育内部的分工更精细、专业化水平更高。

　　（三）职业体育联盟（协会）形成的动力机制

　　职业体育的管理核心是职业体育联盟（协会），每个赛季的联赛是职业体育中的基本单位产品，球迷从赛季开始到结束自始至终地对联赛关注和消费，这其中如果没有职业体育联盟（协会）的话就不能将联赛有效地组织起来，无法形成完整的职业体育产品。按照制度经济学的理论，职业体育联盟应该是既具有企业性质也具有市场特征的中间组织，事实上联盟对于职业体育俱乐部主场客场烦琐的经营活动的管理是低效率的，如果进行干预的话其管理成本非常高，因此具体细节性的工作也都是各自俱乐部来负责。职业体育联盟（协会）只对一些重大的问题进行决策。

　　职业体育联盟的建立是由职业体育竞赛表演的性质所决定的，职业体育的核心产品是竞赛表演，即球迷和观众通过观看比赛而获得一种与众不同的审美体验，这种审美享受是其他艺术形式所不能取代的。职业体育重在提高球迷和观众的快乐感受，再加上体育比赛是需要两个以上俱乐部合作才能完成的特点，俱乐部之间只有联合起来才能为球迷提供完整的审美感受。

　　市场运行是有成本的，形成一个组织可以节约某些市场运行成本，而交易费用就是经济制度运行的费用，从制度经济学角度来分析，降低交易成本是企业结构演变的重要动力。根据交易的性质，可以把交易分解为三个维度，即交易的频率、交易的不确定性和对长期交易专有投资程度要求实现供应成本最小化或资产专用性。

职业体育联盟的建立明显减少了联盟内各主体之间的交易次数、签约数量和由于信息不对称而引起的不确定性，通过与职业体育俱乐部签订一个长期契约代替若干短期的契约，保证了俱乐部之间契约关系的连续性，从而降低了交易成本，它把俱乐部之间相互联系的某些交易活动内化在一个职业体育联盟内，消除了很多原本的交易活动，自然就节约了交易成本。同时由于职业体育生产合作性的特点，各个俱乐部之间具备高度互补性，必须实施纵向一体化，将其合而为一，并将"新企业"的所有权或剩余控制权给予投资不可或缺的一方。

本章小结：研究表明，无论是职业足球、职业篮球还是职业橄榄球、职业棒球乃至整个西方职业体育的发展逻辑是基本一致的。比赛规则的建立为职业体育赛事的举行奠定技术基础；娱乐和闲暇方式的阶级认同、城市文化和传媒兴起为职业联赛提供物质基础；商业利益和观赏市场的形成是职业联赛的市场基础；联盟及其委托经营机构的专业化构成了职业体育联赛的管理基础。

第3章 职业体育产业竞争环境
与产业经营模式

第一节 职业体育产业竞争环境

职业体育之所以能够吸引众多观众，除了其自身独特的特质外，还与职业体育俱乐部拥有的资源和能力能否高效地开发出竞争力有很大的关系。按照战略管理的过程，企业建立战略计划的重要步骤是进行行业竞争环境分析。本章节主要运用 PEST 宏观环境分析和迈克尔·波特的五力模型刻画出当前某一特定职业体育联盟所处的行业环境。(如图 3-1 所示)

对于某一特定的职业体育联盟其生存必然受到外部环境（政治、经济、社会、技术）的影响，正如美国著名记者弗里德曼在《世界是平的》一书中所说，整个世界正在变成毫无国界的地球村，由于低廉的运输费用和强大的信息技术，各国之间的货物、服务和人员交流正变得越来越密切和频繁①。全球化为世界经济

---

① Friedman. The World is Flat: A brief history of the globalized world in the 21st century. (London: penuin group, 2005).

带来了无限机遇，职业体育也不例外。起初的职业体育是国内联赛，即仅在其国内保持垄断，与其他国家的联赛几乎没有联系。随着环境的改变，很多职业体育联盟开始了全球化扩张和开发未来市场。美国 NBA 联盟是全球多样化推广模式的先行者，NBA 不仅向各国球员敞开怀抱，亚洲、欧洲、非洲、大洋洲和南美洲的球员纷纷加盟各队，利用球员创造了国际影响，还在每年的夏季休赛期安排运动员到海外进行品牌推广，甚至还将只在美国开展的 NBA 大篷车开进中国。这个 NBA 最出色的流动球场每个暑期都会花几个月流转多个城市，带给球迷们最"原汁原味"的篮球体验。同时，NBA 联盟还将多场季前赛和常规赛搬到海外，赢得了全世界球迷的追捧，实现竞技成绩与经济利益的双赢。

对某个职业体育联盟而言，除了受到宏观环境影响之外，仍然受到其他联盟、球迷、供应商、可替代产品，以及潜在进入者的影响。球迷和观众是职业体育的目标市场，并构成了第一种竞争关系，要素供应商构成了第二种竞争关系，可替代产品构成了第三种竞争关系，新进入者的威胁是第四种竞争关系，第五种竞争关系也是最重要的竞争强度最大的，即职业体育行业内部各联盟间的竞争。此外，球迷和要素供应商是具有主动性的，会与职业体育联盟和俱乐部讨价还价。职业体育属于竞技表演业，观众如果对联赛产品不感兴趣，那么该联赛就不会被市场所承认。中国职业体育市场是世界上最大的市场，但从来都不是被国内联赛垄断的市场，世界各国的职业体育联盟都已经开始对中国庞大的体育市场垂涎不已。目前的欧洲五大联赛，美国的 NBA 已经拥有了庞大而忠实的球迷基础，美国其他三大联盟（美国职业橄榄球联盟、职业冰球联盟和职业橄榄球联盟）也已经将自己联盟的文化源源不断地输入中国。不仅如此，他们还觊觎中国的高水平职业运动员资源，从王治郅、巴特尔到姚明、易建联都被美国职业联盟高薪挖走，在这些有市场号召力的运动员转会到 NBA，国内联赛（CBA）缺少了超级运动员之后，比赛观赏性、激烈程度、联盟的感召力明显下降，导致大部分球队主场上座率大幅度下降，门票收入无法保证，最终使得各球队运营困难。再加上，中国职业体育存在的假球、赌球、黑哨现象等，其所提供的产品不但不能满足球迷的需求，而且严重损害了球迷的根本利益。中国职业体育不仅面临自身体制、制度设计的问题，还面临他国职业体育联盟的竞争和挑战。如何守住国内球迷市场将是中国职业体育面临的最大挑战。

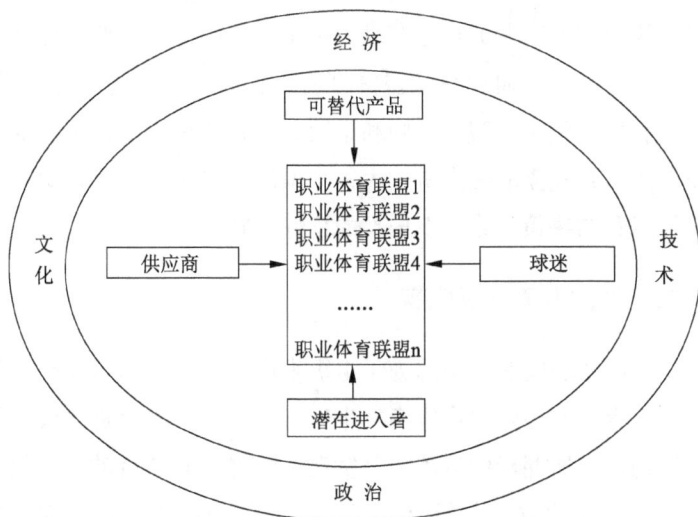

图 3-1　职业体育联盟行业竞争环境分析

第二节　职业体育产业的经营模式

从经济学的角度来看，职业体育是一个既有需求又有供给，包含生产、交换、消费、分配的完整的经济活动过程。与其他企业一样，为了保持其系统的开放性，职业体育必须要有资源的输入和输出，职业体育联盟则通过从资源市场获取生产资料（运动员）创造出产品（职业联赛）并销售给球迷。因此，职业体育联盟和职业体育俱乐部均面临着两大市场的竞争与妥协，即资源市场和产品市场，其利益主体主要包括生产者、消费者、供应商、赞助商和大众传媒。

一、 职业体育的生产者

显然，职业体育联盟和职业体育俱乐部是职业体育产品的生产者，职业体育产业的核心产品是一个赛季的联赛。职业体育联盟内的各支俱乐部通过与联盟签订协议，成为联盟的团体会员，并遵守和执行整个联盟的规则和章程。而每个俱乐部都拥有老板和投资人，是独立的法人机构，每个俱乐部的工作人员负责俱乐部日常运营与决策，维持俱乐部的良好运转。

二、 职业体育的供应商

职业体育联盟和俱乐部为了组织生产必须从资源市场获得各种生产要素，并与资源供应商发生经济关系。例如投资建设或租用体育场馆、雇佣新的运动员、发现新的有潜质的运动员、代表运动员一方（劳方）与投资人（资方）讨价还价争取运动员的利益等。与职业体育联盟在资源市场上直接进行交易的有体育经纪人、星探、运动员工会及体育场馆所有者等。

职业体育生产的核心要素是运动员。职业体育运动员是职业体育的表演者，它必须通过科学系统的训练获得高超的运动技能，并通过严格选拔才能具备与职业体育俱乐部签约的资格。职业体育运动员作为高度稀缺的人力资本，在自由市场上能够获得高收益。更加出色的运动员甚至超级运动员是各个职业体育俱乐部和职业体育联盟争夺的焦点。职业体育运动员是一种人力资源的自然垄断，运动员的技术技能离不开他们的身体，既转移不出去，也无法取代。按照制度经济学家威廉姆森对交易维度的研究，职业体育运动员的人力资产专用性很强，其运动技术技能是专门特定于职业体育俱乐部的。职业体育俱乐部由于运动员转换成本太高，其高度稀缺性使得俱乐部很难找到与之相竞争的替代品，培养一名职业体育运动员要花费巨大的时间和费用。因此职业俱乐部与运动员必须要保持一种稳定的、持久的契约关系。

体育场馆是职业体育的重要物质基础和物质载体，是运动员甚至部分球迷的工作地点。工作环境的好坏直接影响产品的质量，以美国职业棒球联盟为例，在 1995 年以来掀起了史无前例的棒球场建设热潮，很多球队都兴建了新体育场，还有一些球队对老场馆进行了重新整修，以便更好地提升运动员和球迷的体验。在这些场馆中，克利夫兰印第安人队的主场雅各布斯球场所带来的变化最为显著，这座球场总价值为 1.75 亿美元，特别是球场的计分板是全美国最大的独立式计分板。它在 2004 年重新翻修，引进了超大的显示屏幕，更好地展现了职业棒球比赛的魅力，不仅为运动员提供了舒适的表演舞台，还为球迷带来了全新的感受。1994 年之前克利夫兰印第安人队的球迷每年购买的季票数量还不到 5000 张，新场馆建成后，球队已卖光了连续 455 场比赛的 43368 个座位的球票。

三、　职业体育的消费者

职业体育联盟生产的联赛最终是要卖给消费者的。职业体育产品的消费者包括球迷、媒体和赞助商。球迷主要通过购买门票的方式获得职业体育产业的核心产品——竞赛表演娱乐服务。媒体和赞助商则通过付费给联盟和俱乐部，获得联盟无形资产的使用权——比赛转播权、冠名权和广告发布权等。

球迷对于职业体育联盟的商业价值是巨大的，职业体育俱乐部的收入主要包括：门票销售、俱乐部相关产品销售、企业赞助和转播权收益，而球迷正是这些收入的核心角色。门票和俱乐部相关产品销售是球迷直接参与的经济行为，而企业的赞助额度是以俱乐部球迷的数量作为参考来决定的。此外，职业体育联盟转播权的收入主要根据观看该球队比赛的球迷数量来决定，因此就会出现越是豪门的俱乐部，球迷的数量越多，其转播权的收益就越高的现象。2009 年，欧洲某著名体育调查机构对欧洲各大著名的足球俱乐部的球迷数量进行了统计，西班牙豪门俱乐部巴塞罗那以 4420 万球迷位列榜首，俱乐部也在 2010 年结束了胸前无广告的传统，卡塔尔基金会决定赞助巴塞罗那俱乐部总金额1.65 亿欧元的赞助费，从 2011 赛季开始连续赞助 5 年，每年3000 万欧元的球衣胸前广告，以及赛季代言、赞助费用 1500 万欧元和俱乐部重要比赛的奖金 500 万欧元。而在国内相对球市比较火爆的中超球队北京国安队，近几年签订的胸前广告赞助合同虽然创造了俱乐部历史的赞助费用新高，也只是每年 4000 万元人民币，与欧洲高水平俱乐部仍然有相当大的差距。

按照职业体育的经营管理模式，西方职业体育已经形成了成熟的产业链，参见图 3-2。许多小球迷从儿童时代就开始关注职业体育，有的球迷最终还成为职业体育工作人员，甚至成为职业体育运动员。可以说球迷不仅仅是职业体育的消费者，同时也会成为职业体育生存和发展的资源，球迷在职业体育中扮演着多种角色。

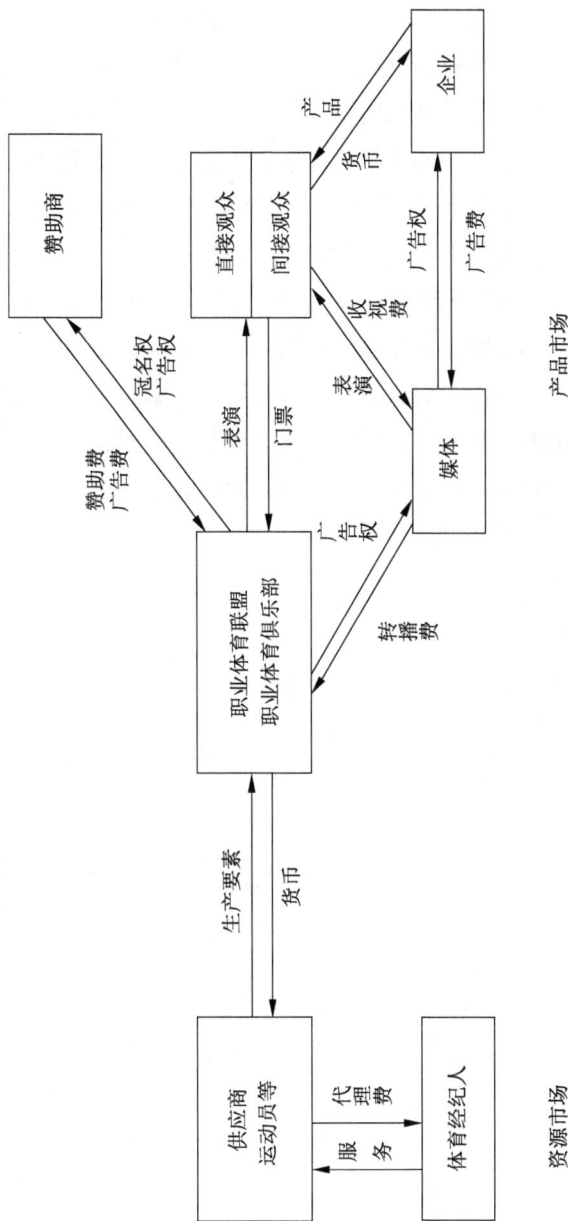

图 3-2　职业体育产业经营模式

资料来源:王莉,职业体育联盟产业组织分析,北京体育大学博士论文 2005 年。

在利润动机的支配下，职业联盟的最高原则与使命都会以发展和壮大球迷基础为核心，从发展战略的高度来思考的话，要以培育球迷的归属感和社会认同度，并使其成为忠诚的球迷为根本规划。而在经济全球化的背景下，职业体育的生存环境已经从本国垄断的"舒适区"转向了充满着不确定性的国际体育竞争市场，为职业体育俱乐部的发展提出了新的挑战。

本章小结：运用 PEST 宏观环境分析和迈克尔·波特的五力模型刻画出特定的职业体育联盟所处的行业竞争环境，并对职业体育产业经营管理模式加以研究。研究表明：职业体育联盟之间的竞争是球迷市场的竞争，而职业体育产业利益相关主体，例如赞助商和媒体的投资及参与程度都与球迷的数量直接关联。球迷才是职业体育的最终"买单者"。

第 4 章　球迷之于职业体育的多维价值

第一节　球迷是职业体育的消费者

虽然国内外关于职业体育生产者（职业体育联盟）和供应商（运动员、体育场馆、星探、体育经纪人）方面的研究已经非常深入和全面，却大大忽略了对最重要的消费者——球迷与观众的研究。起初，体育参与者甚至很多小协会俱乐部的管理者都是兼职的，具有业余性质。伴随着职业体育的发展，现代体育管理开始转型，即所谓的"餐桌"行政（kitchen table administra-tion）过渡到专业管理（professional management）时期。行政管理已经不能满足职业体育组织运转的需要，专业的职业体育经理人开始掌管职业体育市场的开发和产品设计。在他们制定的发展战略中，球迷在维系职业体育发展方面扮演着重要角色。职业比赛成本不断增长，体育组织必须找到产生收入的途径来创造利润，球迷自然而然地成了职业体育发展的主导（如图 4-1 所示）。

图 4-1 球迷是职业体育的主导者

职业体育所提供的产品归根到底是为球迷与观众设计和服务的，球迷与观众可以为职业体育联盟和职业体育球队带来商业利益，同时球迷与观众还是职业体育产品的重要组成部分。英超阿森纳主帅温格曾经说过，阿森纳俱乐部的每一名球迷都非常重要，其主场酋长体育场尽管门面寒酸，但"亲民服务"做得非常到位，大牌球星都可能随时现身为前来参观的球迷解说。英超曼联队的主教练弗格森，最初在苏格兰一家小俱乐部执教时，每逢主场比赛日，他都会亲自手持话筒到大街上去号召当地球迷支持球队。足见球迷对于职业体育的重要。

上述对于职业体育产业经营模式的研究表明球迷是职业体育联盟产品的最终消费者，联盟所有的经营活动最终都要由球迷与观众来买单，球迷与观众的利益是职业体育的根本利益。

第二节 球迷是职业体育产品的生产者之一

职业体育属于竞赛表演业，其很多特点与文艺演出十分类似。文艺演出不仅要有演员表演，还必须要求观众参与其中，没有观众观看的演出不是完整的演出，仅仅是一个排练。这就是为什么剧场不仅要有出色的舞台，还必须要有观众看台。职业体育也同样具备这样的特点，运动员必须要在球迷和观众面前表演才能表现出应有的价值，没有观众参与的职业体育比赛不是真正的比赛。

一、 球迷是职业体育产品生产者的营销学探析

《消费者王朝与顾客共创价值》一书认为消费者的传统角色正在发生转变，他们不再是一个个孤立的个体，而在逐渐汇聚成一股股不可忽视的力量；在做出购买决策时，他们不再盲目地被商家引导，而是主动积极地搜集各种有关信息；他们不再被动地接受广告，而是主动向企业提出使用反馈①。根据企业营销的一般步骤，在了解市场和顾客需求、设计顾客驱动的营销策略，以及制定营销计划之后，最重要的一步就是建立盈利的客户关系。客户关系管理是现代企业营销中十分重要的概念。所谓客户关系管理是通过传递顾客价值，培育尽可能多的忠诚顾客。现代企业目标就是努力与客户建立更为直接和持久的关系，这种关系不仅表现在经济意义上，还体现在情感意义上。而职业体育俱乐部与球迷之间同样存在此类关系，并且随着职业体育经济价值的逐渐提升，球迷的消费行为已经从单纯地消费比赛本身转变到了亲自体验并设计产品的过程。职业体育联盟通过增强球场气氛、活跃背景环境，增加吸引球迷感官刺激的手段，给球迷提供一个令人难忘的经历。而球迷营造的赛场气氛则更好地包装了比赛本身。

① 菲利普·科特勒：《营销革命3.0》，北京：机械工业出版社，2019 年，第11 页。

职业体育是现代人类社会特有的社会文化活动，通过百年发展，其价值观已经深深地植根于球迷的心里，甚至被认为是一种通过运动员出色表演与球迷们欢呼助威共同造就了的仪式或者典礼。职业体育赛场中最尖锐的一对矛盾就是观众与运动员之间的矛盾，运动员是表演者，观众是观赏者，两者同时出现才能保证竞赛表演的完整性。每个球迷在走进赛场之前和观赏完比赛离开赛场会成为不同的个体，而运动员在一个没有球迷参与的赛场比赛就等同于一场普普通通的业余比赛。只有球迷营造球场气氛，烘托出背景环境，运动员才能通过比赛演绎出跌宕起伏的情节。

二、 球迷是职业体育产品生产者的观众心理学探析

职业体育比赛主要是球迷与运动员两个角色之间的情感交流与反馈，运动员要依靠球迷烘托的球场气氛来卖力地演出，球迷对于运动员的喜爱通过声音、动作等信息传递给运动员，比赛正是在运动员与观众之间的不断地互动衔接中进行的，球迷参与其中并不是被动的信息接受者，他们还会通过自己的表现影响到球队的表现。球迷到现场观看比赛不仅是作为一名简单的消费者来购买产品获取价值，而是完全置身其中，成为整个比赛必不可少的一部分。与其他的艺术表演形式的发展一样，职业体育也表现出很多与宗教仪式一样的特征，社会学家埃德盖尔和杰里在他们1974 年的研究中就曾经指出：足球场完全可以笼罩着在教堂里才会出现的气氛，足球可以成为一种宗教表达形式①。

职业体育赛场运动员与球迷的互相感染，其心理也必然形成

---

① 杰弗瑞·戈比：《你生命中的休闲》. 云南：云南大学出版社，2000 年，第196 页。

不同程度的交融，从而造成运动员与球迷共同达到一种集体心理体验，而比赛的进程恰恰为整个心理体验提供了平台。这种集体体验的效果是由多种反馈关系组合而成的。在职业体育赛场中主要存在3种关系，即运动员与球迷之间的关系、运动员与运动员之间的关系，以及球迷与球迷之间的关系。

1. 运动员与球迷之间的反馈关系分析

运动员与球迷之间的关系是职业体育赛场最重要的反馈关系。对于运动员而言，他们渴望观众对他们的表现做出反应，运动员的成功表演需要观众真实的心理反应，球迷不仅会对运动员的某个高难度动作或一次精彩配合赞不绝口，还更加关注整个比赛的情节走势。职业体育比赛需要球迷发自内心的自觉的心理反应，运动员的职责就是去激发球迷的这种自觉心理。

球迷一旦融入职业体育比赛中，赛场上就会出现一系列的奇迹，尤其是赛场气氛，使得比赛更具立体感。但如果运动员的表演失去了球迷的信赖，那么这种失信同样会带来一种心理感受，并会引发球迷的不满，而球迷的不满又进一步地反馈到赛场内，构成一种恶性循环式的消极反馈。诸如假球现象对于球迷的伤害远远比俱乐部成绩低迷、球员状态低迷要严重得多，因为假球使得球队失信于球迷，从而造成恶性循环式的消极反馈。

据调查，美国的球迷数量多达3500万人，占全国人口的15.6%，他们当中93%的人每天都要关注职业体育比赛，91%的人每天会通过媒体了解职业体育新闻，50%的人每年能够观看职业体育比赛20次以上。他们之所以如此热衷于职业体育比赛，最大的动力就是和场上运动员的感情共通性。美国球迷中有58%的人想成为体育运动员，45%的人认为自己能够胜任职业体育俱乐部主教练之职；当所支持的一方获胜时，有91%的人感到快乐, 50% 的人感到像了却了一桩重要的心事那样轻松、欢快, 78% 的人感到骄傲; 当所支持的一方失败时, 87% 的人感到失望, 66% 的人感到沮丧, 38% 的人感到像自己被打败那样难受①。

2. 运动员与运动员之间的反馈关系分析

运动员与运动员之间的交流是与赛场球迷之间的互动同时进行的, 他们之间的交流是直接交流, 即他们要共同为球迷创造一个联系紧密、融会贯通的舞台天地。运动员之间的比赛从结果上分析看似是对手的关系, 即不是击败对手就是被对手击败, 但是实质上他们共同制造了比赛的情节, 还都是情节的感受者, 美国学者将两者这种协作关系称之为"无条件地互相爱护"。超级运动员之间的对决则会使比赛更加精彩。

3. 球迷与球迷之间的反馈关系分析

大众心理研究认为心理群体是一个由异质成分组成的暂时现象。当足够数量的不同个体聚集在一起的时候, 就像是诸多的有机质汇聚在一起形成细胞一样, 当这些类别成分完全不同的细胞组成一个新生命个体的时候, 这个新生命个体的表现与构成他的细胞完全不同。球迷群体也一样具备这样的特征, 并不会因为成分复杂, 人数庞大而表现得迟钝, 也不仅仅只会取得粗框架上的认同。西方的戏剧家曾经把观众群体比作是只有一颗心的多头巨人, 球迷参与比赛也有相同的特点, 突出体现的是情绪集体性特点。

球迷与球迷之间是互相传染和互相影响的, 对于精彩的比赛总有几个球迷先于大家感应并喝彩, 然后提醒邻座球迷, 即便是

① 纪康宝:《体育俱乐部市场化运作与现代化管理实务手册》, 吉林: 吉林电子出版社, 2003 年, 第 7 页。

有些球迷并没有意识到精彩的存在，但是也会融入喝彩中去。有很多球迷到现场观看比赛之前还素不相识，但是看完比赛之后都变成了莫逆之交，这样的例子屡见不鲜。著名表演理论家史雷格尔通过对观看舞台艺术的观众群体的研究表明：多数人彼此之间这种外显的精神流通，几乎有着不可思议的力量，它加强了平时总是隐藏起来或只向密友才倾吐的内心情感。由于这种精神流通，我们对它的有效作用已深信不疑。在这么多的同感者之中，我们感觉到自身的强大，因为所有心灵与精神汇合成了一条不可抗拒的洪流①。此外，球迷之间的情绪传染还有干扰运动员状态的作用。

值得一提的是，除了比赛本身之外，球迷自身对于运动项目的认识水平是帮助球迷更好地欣赏比赛、阅读比赛并热爱比赛的基础。对于运动项目越是了解的球迷观看比赛所体验到的审美感受越高，越能够感受到比赛的节奏与和谐，而这种和谐正是球迷审美体验中最高贵的成分。理论上，球迷对于运动项目的理解越深，其审美主动性越强。一般来说，球迷对于运动项目的理解一般可以分为三个层次：背景理解、表层理解和内层理解。背景理解是前提，是每个球迷应该都具备的基本素养，也就是对于运动项目规则、技巧、发展历史等方面的认知；表层理解是指球迷对于特定比赛的情节、运动员基本信息的理解，属于一般化的理解，被称为通往内层理解的毛细血管；内层理解则需要球迷花费一定的精力，是对比赛层层自扰性因素的排除，是对各种思维离心力的摆脱，是在排除和摆脱之间遇到的当头棒喝，内层理解总带有很多神秘性。

---

① 余秋雨：《观众心理学》，武汉：长江文艺出版社，2013 年，第 80 页。

很多运动项目在进入中国的初期都出现了球迷"不解风情"的局面。例如，斯诺克运动已经在中国推广近 20 年，尤其是在丁俊晖等知名运动员的感召下，在中国举办的国际比赛逐渐增多，但几乎每届比赛都有球迷被逐出赛场的情况发生，球迷对于斯诺克项目的理解阻碍了斯诺克项目在中国的普及和发展。

调查表明，中国球迷获取体育知识的渠道主要是通过媒体和学校体育课、朋友的传授，以及由专业的体育教师为其传授，体育的技术技能培训和体育的相关知识普及是球迷获取体育知识的最好方式，让学生亲身参与到体育比赛中去，才是系统获取体育知识的最佳途径。

第三节　球迷是职业体育资源提供者

职业体育是依托庞大的球迷市场而产生的，没有球迷的参与职业体育就无法走向商业化。他们不仅是职业体育产品生产者之一，还在维持职业体育正常运转中承担各种角色，为职业体育提供各种必要的人力资源，被称为职业体育的血库。

一、　球迷是职业体育联盟和俱乐部的志愿者

球迷是职业体育志愿者群体的主要来源。《2010 的大众体育白皮书》中定义体育志愿者（sports volunteer）为："为推进社会、社区、个人及团体体育的发展而不以换取报酬为目的的提供自己的劳动、技术和时间的一种活动。"随着现代体育内部分工愈加精细化，运营成本越来越高，国际大型体育赛事和职业联赛越来越需要志愿者的支持和帮助。志愿者可以充当赛事向导，通过提供赛事的相关信息等具体事项为球迷提供帮助，包括礼品发

放、场外秩序维护及其他相关服务工作。可以说，体育赛事的成功举办志愿者功不可没。而对于志愿者群体而言，其组成部分多数为球迷群体，球迷希望通过参与志愿活动来表达对于俱乐部的热爱。例如很多球迷会在周末俱乐部的主场比赛中担当球童、司仪、销售人员，以及安保人员等。在西方，绝大多数俱乐部或小协会的负责人都是球迷志愿者，并且都具有丰富的工作经验，可以说如果没有提供志愿服务的球迷群体，职业体育是不可能延续下去的。据保守估计，在英国每季度大众足球的志愿者省去的开支就达 5 亿英镑。

二、 球迷是职业体育运动员人才储备库

按照大部分职业运动员的成长轨迹，多数球迷在小的时候都曾经梦想过成为一名服务职业体育的相关人员，甚至职业体育运动员。从一名职业体育运动员从小到大的发展轨迹来看，很多球星从成为球迷的那一刻就已经开始有了成为职业体育运动员的梦想，然后会不自觉地开始自己的职业规划，也正是梦想的动力，才使得他们从社区联赛的佼佼者、低级联赛的小运动员，到最后通过职业体育联盟星探的选拔和推荐成为顶级联赛的职业运动员。

三、 球迷是职业体育俱乐部的支持者

很多职业体育俱乐部虽多番面临险境，但总能劫后余生，它们从来没有高喊"建设百年俱乐部"的口号，结果却个个成了"百年豪门"，这些得益于社区和球迷的保驾护航。根据某职业足球投资人的理解，一个完美的职业体育投资者，首先，他要有对这项运动真诚热爱，并且绝不企图从这项运动中牟取私利；其

次，他要对这项运动有正确的理解，知道一个俱乐部对所在社区的积极影响力，了解职业体育运动对青少年潜移默化的作用；第三，他应该知道，投资职业体育绝非低购高抛的短期投资，而是让职业体育这一美丽的运动以最好的形式展示给观众。职业体育投资者投资一个俱乐部是靠俱乐部无形资产的升值挣钱，大部分俱乐部最初几年都是亏本的，必然需要与其他俱乐部合作一起提高联赛产品的质量，职业联赛整体价值才有可能提升，进而盈利。例如 NBA 休斯敦火箭的价值在姚明加盟前后相差 20 倍之多，小牛老板库班在收购达拉斯小牛队的时候花了 2 亿美元，随着 NBA 的升值其价值目前已经突破 20 亿美元。

如此严格的要求也只有资深的铁杆球迷才能胜任，从球迷到"球董"的例子屡见不鲜。NBA 的很多老板都是铁杆球迷，他们会经常观看球队比赛，他们一般不喜欢在与喧嚣现场隔离的豪华包厢看球，更喜欢在比赛时身穿印有队徽的队服坐在场边自带"表情包"观战；会在队员受到不公判罚后对裁判不依不饶；会在球队胜利时像个孩子一样又喊又叫；会在球队客场比赛时乘坐自己的私人飞机到现场加油。

根据战略管理理论，企业家的使命感是构造战略规划的第一步，是计划的基础，是企业制定目标的依据。它决定着组织的基本信念、价值观、追求和道德标准。"现代管理学之父"彼得·德鲁克以为，建立使命或许是企业应向非营利组织认真学习的第一课，成功的企业在制定发展规划首先要考虑的并不是经济回报，而是企业使命，当企业树立正确的使命时，经济回报就自然而然地来了。职业体育经营特点决定了投资人应更加看重长期效益，一个正确的符合职业体育发展逻辑的使命感就显得尤为重要，而球迷企业家似乎是使命与资本融合的最佳典范。

本章小结：球迷不仅是职业体育的消费者，还扮演着助推职业体育发展的重要角色，球迷是维系职业体育俱乐部运转的志愿者，很多球迷为了实现自己的儿时梦想最终还成了职业体育运动员或者职业体育俱乐部的投资人。更重要的是球迷也是职业体育的产品生产者之一，运动员要依靠球迷烘托的球场气氛，把卖力的演出呈现给球迷，球迷对于运动员的喜爱通过声音、动作等信息传递给运动员，比赛正是在运动员与观众之间的不断地互动衔接中进行。

第 5 章　职业体育球迷消费行为特征

第一节　职业体育球迷的成因

一、 职业体育球迷的年龄特征

调查表明，球迷形成的平均年龄在 15 周岁左右，属于青少年群体，在西方，青春期少年或青少年的说法直到 20 世纪 30 年代才出现在美国词汇里。社会学家克尔曼注意到："在人的一生中，没有哪个阶段像青春期一样能给人以那么强烈的、亲密的、无所包容的联想。"

青少年在这一时期，生理上呈现出第二个发育高峰。与此同时，心理上也有较大变化，如有了自尊和被尊重的要求，逻辑思维能力增强。如表 5-1 所示，青少年期是依赖与独立、成熟与幼稚、自觉性和被动性交织在一起的时期，是处于从幼稚走向成熟的转折阶段。因而他们具有成人感，独立性强的显著特征，他们认为自己已经长大成人，应该有成年人的权利和地位，要求受到尊重,学习、生活、交友、选择兴趣爱好都不希望父母过多干涉,希望能按照自己的意愿行事。对于热爱体育的青少年群体而言,正是由于人格日趋独立、开始逐渐脱离家庭,再加上这一时期对体育的专注,对社会环境的认识不断加深,对体育的兴趣不断趋于稳定,随着参与体育比赛和观看体育赛事的次数不断增加,对职业体育文化日渐熟悉,并且逐渐具备对职业体育赛事判断、分析和评价能力。

表5-1　人的生命周期:角色和价值

生命阶段: 大致的年龄	最重要的人	价值分化和整合的两难	
		安　全	挑　战
晚期童年 (Later childhood) 6~11 岁	父母、母亲、兄弟姐妹、玩伴	同辈关系 (peer rela- tionship)	判断价值的能力 (evaluation abili- ty)
早期青春期 (early adolescent) 12~15 岁	父母、同性伙伴、 异性伙伴、教师	被认可 (accepance)	发展 (achievement)
晚期青春期 (later adolescent) 16~18/20 岁	异性伙伴、同性 伙伴、父母、教师、 妻子、丈夫、职员	亲密性 (intimacy)	自主性 (autonomy)

来源:Gordon (1976). leisure and lives: personal expressivity across the life span.

少年球迷群体所受影响主要来自于家庭。但是由于他们开始不断参与集体活动,与社会接触机会不断增多,接触的社会群体范围不断扩大,其影响媒介也开始增加,在这一阶段同学、伙伴、老师及各种大众传媒开始影响少年群体。按照消费者行为学对于少年消费群体的研究表明,少年消费群体虽然已经可以进行简单的逻辑思维,但直观的形象思维仍起主导作用，对于事物的好坏优劣也较多地受商品的外观形象左右，同时，一旦某个事物或者商品被其认识，就很难忘记。很多国际著名的职业体育俱乐部每年都会在学校假期的时候为 10 岁以上的孩子们举办短期的夏令营和技艺培训班，而且俱乐部还会安排球员甚至俱乐部的运动员出任授课教师，大部分职业体育俱乐部招募当地 10 岁以上的少年作为球队的球童，这些球童最为得意的就是能够参加球队主场的比赛，近距离感受职业体育带来的更为直观的震撼。毫无疑问，职业体育俱乐部之所以投入精力重视少年小球迷，最终目的是为了能够培养更多的一线队球员，更为重要的是培育更大的球迷基础，只有这样才能保证俱乐部长盛不衰。

职业体育俱乐部都会永远将儿童放在第一位。英国职业足球协会在全世界开展了一个范围最广、涉及规模最大的儿童保护项目，目的在于反对歧视行为，并处理从严重的性别虐待到入会宣誓等大大小小的事情。足协还专门成立了儿童保护部门，负责处理有关足球运动中虐待儿童的问题，并设置全国防止虐待儿童的儿童保护求助热线。在英超曼联队的主场老特拉福德球场的南看台有 4200 个"家庭座位"是专门为主队和客队带孩子的父母们设计的，在儿童的看台区域对于球迷的行为有严格的规定，这里不允许有争吵和斗殴的情况出现，也不允许吸烟者进入。

中国的职业联赛目前也开始有部分俱乐部效仿欧洲俱乐部的方式，更加关注青少年球迷群体，2014 年中超球队广州富力队率先在球队的年票销售上进行了改变，特别安排了专属球迷座位区套票及家庭套票两种类型的限量票，以满足广大球迷群体对广州富力主场——越秀山体育场特殊的情感需求。据了解，家庭套票共三张卡，仅限一家三口（即父亲、母亲、孩子）购买，俱乐部方面称购买家庭套票的球迷朋友可一人前往购买，需携带户口本（证明家庭关系）及购票成员身份证，而未满 16 岁的子女可用户口本代替。俱乐部此举拉近了球迷与俱乐部之间的关系，更为重要的是鼓励了球迷家庭的共同参与。

二、 成为球迷的影响因素

个体在成为球迷之前首先要喜欢体育运动，并随着热爱程度的加深才逐渐成为真正的球迷，因此一般情况下个体不会马上成为某个俱乐部的忠实球迷，而是要经历从热爱体育运动到选择俱乐部的发展过程。调查表明，对于个体成为球迷过程中影响较深的主体主要包括家庭成员的耳濡目染（34%）、同学的行为影响占 20%、球星的号召力（21%）、朋友的影响占 17%。（如图 5-1 所示）

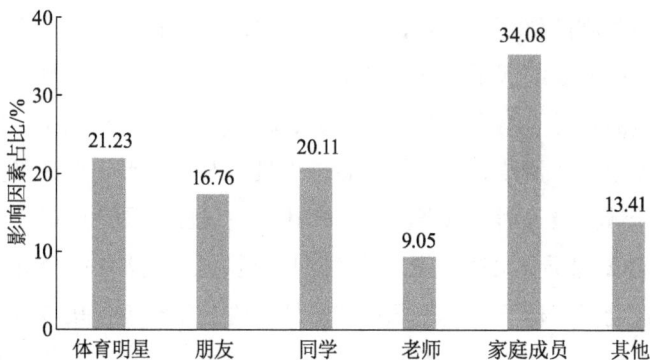

图 5-1　成为球迷的影响因素比例分布图

（一）家庭成员的影响因素

家庭是最基本的社会单位，一个人就是从出生的家庭开始接触世界、逐渐认识世界的社会化过程，从而形成了价值观和行为方式。某种意义上说家庭是个人价值实现的主要源泉。美国民营化大师萨瓦斯认为，家庭是提供健康、教育及人力资源的最有效率的部门。对于热爱体育的球迷也不例外，大多数球迷的"体育生涯"也是从家庭开始的。

调查表明，家庭亲人的影响和熏陶是个体成为球迷的主要动因。众所周知，小的时候我们绝大部分时间是与家人在一起的，家庭体育是每个人体育生涯的起点，很多人对于体育的热爱都是从父母的教育中自觉培养起来的；家长对体育的参与、热爱和成就可以潜移默化地影响子女形成积极向上的体育价值观；老少几代共同的体育活动可以成为家庭团结和睦的纽带，每场比赛、每个赛季就如同家庭的节日，家庭成员往往会一起去现场或者在电视机旁观看比赛，并在比赛结束后一起讨论比赛。不难看出，职业体育比赛在促进家庭稳定和融洽方面发挥着重要的作用，是家庭成员之间相互亲近的主要方式。家庭体育正如人体细胞一样发挥着最基础的作用。甚至正是有了家庭的熏陶和支持，才使得许多的小孩子最终成了职业运动员。在小孩成为球迷的过程中，家庭成员的角色具有多样性，即教练、顾问、交通服务人员、失利时的安慰者、清洁人员、第一救护人员、对外交涉人员、形象代表、捡球人员、后勤服务人员、球迷、建设性的评论员……

NBA 球星林书豪在其自传里面写道：如果没有一个狂热的篮球迷老爸，他不会走上职业球员的道路。父亲不仅培养他对于篮球的热爱，还以教练的身份传授其篮球技能，帮助他将兴趣持续发展下去。英格兰著名球星贝克汉姆也有着同样的经历，父亲小时候的梦想是当一名职业足球运动员，生活中最大的爱好就是足球，他还是曼联俱乐部的支持者。贝克汉姆最初对于足球的热

爱完全出于父亲的影响，在贝克汉姆小的时候每个圣诞父亲都会
为他买上一套崭新的曼联队队服作为圣诞礼物，父子最融洽的时
光就是在一起观看球赛、谈论足球，共同在社区踢球，甚至其父
亲还充当了贝克汉姆的教练。贝克汉姆也正是在父亲的熏陶和支
持下最终成为一名出色的职业足球运动员。

　　而在中国目前应试教育的影响下，部分家长和老师把体育放
在了无足轻重的位置，阻碍了青少年对于体育的热爱和参与。这
种现状同样也影响到了处于金字塔高端部分的职业体育，职业体
育的发展是需要庞大的球迷群体作为基础的，一旦基础薄弱其顶
层必然受到影响。

　　（二）同学朋友的影响因素

　　除了家庭是个体成为球迷的影响因素之外，还有一个因素也
不能忽略，即同学和朋友的影响。社会心理学研究表明，群体对
个体的影响，主要是由于"感染"的结果。处于群体中的个体
几乎都会受到一种精神感染式的暗示或提示，在这种感染下个体
会不由自主地产生这样的信念：多数人的看法比一个人的看法更
值得信赖。尤其是青少年群体，所有的适龄儿童都要进入学校接
受教育，因此他们除了与家人的相处之外，剩下的休闲娱乐时间
主要是与同学、朋友在一起度过，同学朋友的兴趣爱好始终影响
着个体的心理。

　　（三）职业体育球员的 "明星效应"

　　大众心理学认为，偶像崇拜是人类的一种信仰，无论时代发
展到何种程度，这种形式都不会消失。而偶像崇拜具备以下特
点：偶像总是凌驾于信徒，处于高高在上的地位，这一点有着决
定性的作用；信徒总是盲目地服从偶像的命令；信徒没有能力，
也不愿意对偶像规定的信条进行讨论；信徒有着狂热的愿望希望

把偶像的信条广加传播；信徒倾向于把不接受他们的任何人视为仇敌。而对于职业体育，人们对它的热爱与宗教仪式极为相似，在这样的一种宗教仪式下产生偶像也就是极为平常的事情了①。

职业体育中超级运动员对于俱乐部乃至整个联盟的作用都是无法估量的，超级运动员在保证球队战绩的同时，无疑还是俱乐部票房的基本保证，很多球迷到现场观看比赛不是为了某个球队的胜负，而是来观看某个运动员的特别演出。超级运动员无疑成了职业体育的核心，球迷讨论的话题、关注的事情很多都是围绕着超级运动员而展开。这个时候的球迷有点类似于追星族，并不以地域为界，而是以偶像为圆心，偶像就像太阳，追星族就像行星，因为超级运动员的吸引力而形成庞大星系。求名的欲望把人们聚集在一起，共享一个舞台，在这里集体的力量得到了整合，个人生命的张力得以展露。出于指挥和指导群体行为的需要，向心力的获得在灵长类动物群体中是必需的。

1991 年美国学者罗斯·格林伯格通过整合 NBA 球员、教练及球队总经理对于 NBA 发展历史的观点，将 NBA 的发展分为 5 个部分：（1）从詹姆斯·奈史密斯发明篮球运动到 1950 年 NBA 联盟成立；（2）20 世纪 60 年代的波士顿凯尔特人鲍勃·库西、76 人队比尔·拉塞尔、湖人队张伯伦和杰里·韦斯特的王朝时代；（3）20 世纪 70 年代的威利斯·里德到"天钩"贾巴尔的"巨星"时代；（4）20 世纪 80 年代的拉里·伯德和魔术师约翰逊的黑白双雄时代；（5）20 世纪 90 年代迈克尔·乔丹的公牛王朝。从 NBA 的发展历史可以总结出一个规律：NBA 的历史就是超级巨星的历史，足见超级运动员对于 NBA 发展的重要性。

---

① 古斯塔夫·勒庞：《乌合之众：大众心理研究》，北京：新世界出版社，2010 年，第 68 - 70 页。

此外，在 2002 年，随着姚明加盟休斯敦火箭队之后，打开报纸，体育版的报道占据头条；打开电视机，播到火箭队新闻的时候，主持人格外富有激情；查看互联网，火箭队永远是吸引眼球的关键词。据统计，在 2002 年至 2008 年间的新浪体育板块的体育博文排行前 15 名里，有 80% 的文章关注的是火箭队。其主要原因是中国超级运动员姚明的加盟使得球队受到了全世界华人的关注，也正是姚明的加盟使得很多中国的"伪球迷"真正成了休斯敦火箭队的铁杆球迷，大部分球队把远在大洋彼岸的火箭队都当成了自己的母队，不仅对姚明感兴趣，也对姚明的队友甚至俱乐部的经营管理也格外关注。2002 年 10 月之前，火箭队老板亚历山大的总资产额是 8000 万美元，在 NBA 老板中位列倒数第二位。在姚明加盟的 5 年后，他的总资产额达到了 12.8 亿美元，充分说明了超级运动员的影响力。

三、 职业体育俱乐部与球迷认同的影响因素

作为一个名副其实的球迷就必须要选择一个支持的团队，以取得社会认同和团队归属感。调查显示，球迷选择所要支持的俱乐部主要受俱乐部的实力和俱乐部所拥有的球星（作为俱乐部超级运动员的作用在上述球迷成因的因素分析中已经做了详细的分析，不再赘述）两大因素的影响，除此之外俱乐部所在的城市也是球迷选择俱乐部的主要参考，另外还有俱乐部颜色和队服，甚至俱乐部主场场馆也在影响着球迷对自己热爱俱乐部的选择。（如图 5-2 所示）

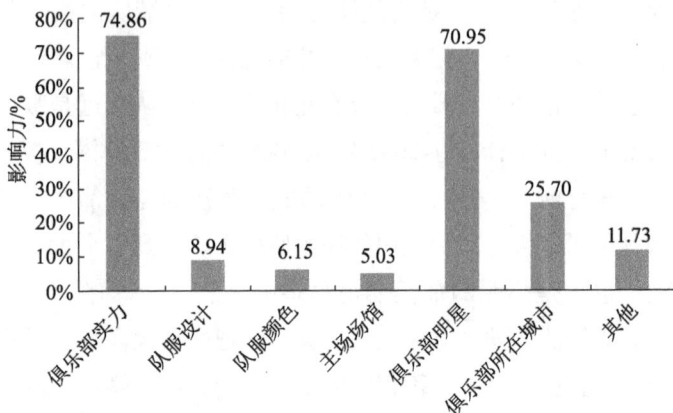

图5-2 球迷选择俱乐部的影响因素比例图

（一）俱乐部实力

体育竞技是社会竞争的一种基本形式，具有强烈的排他性，竞争的结果只能产生一个优胜者。荷兰学者胡伊津哈从人类需求的角度对获胜的含义进行了界定：所谓获胜就是显示自己比别人优越，球迷正是从俱乐部的比赛获胜后赢得了尊重和荣誉，而且这种尊重和荣誉还增加了其在球迷群体中的意义。

许多球迷在选择球队尤其是选择其本土以外的职业体育俱乐部的时候，主要看重的是有实力战绩好的俱乐部，如果没有其他情感干预的话，俱乐部的实力应是球迷选择俱乐部的首要参考因素。

（二）俱乐部所处的地理位置

有很多球迷是因为长期居住的城市有了职业俱乐部之后才开始关注球队并成为真正球迷的。从经济成本角度来看，是因为球迷观看其球队的比赛在交通上十分便利，并且容易买到俱乐部的产品和俱乐部赛季的球票；从心理角度分析，球迷参与职业体育俱乐部的相关活动都怀揣着对球队所在城市或者某一特定地域的自豪感和归属感，球迷可以很便利地和自己的家人、同学、邻居和朋友到现场观看比赛。

职业体育球迷拥有对主场偏好的心理。按照西方职业体育发展的普遍逻辑，早期的职业俱乐部，几乎都有这样类似的过程。俱乐部的发起人大部分是产业工人或者是看到体育有利可图的企业家。公司化运营的职业体育俱乐部，从一开始就具备了经济属性，但还不完全是营利性的，仍然要依托社区承担一定的社会责任。随着职业体育联盟的成立，包括联赛制模式的确立，每个俱乐部对所在社区的代表性越来越强，不同俱乐部在长期交往过程中形成的竞争关系，也往往是不同地域和社区人群之间竞争关系的体现，久而久之，俱乐部成了地域社区居民的精神寄托，其经济属性慢慢地被俱乐部的社会公共事务综合属性所掩盖。随着职业体育商业化程度的不断增强，俱乐部的社会公益属性得到更深入的挖掘，例如公认的商业开发能力较强的欧洲足球，西班牙、德国和法国的很多足球俱乐部，都是会员制的非营利机构，它们的社区代表性更加明显，球迷与俱乐部之间的互动非常多，对俱乐部相关活动参与程度也更深。这个阶段的足球俱乐部的所有者，当然不再是早期的劳工阶层代表，但也往往是在当地受人尊敬的上层或者富商。事实上，西方职业体育其自下而上的发展伴随着球迷从小到大的成长过程，球迷群体从对于一个社区的爱，逐渐升华为对国家的爱。随着科技和媒体的发展，不仅把国与国拉近，推动全球化，而且还把消费者连接起来，促使他们实现社区化。球迷来自社区，职业体育运动员也同样来自社区，球迷与球员之间也许就是曾经的队友，这无疑增加了球迷与俱乐部之间的互动关系，而互动关系越密切，球迷对于俱乐部的忠诚度越高。

（三）俱乐部比赛场馆

城市学家刘易斯·芒福德说过："城市最好的经济模式是关心人和陶冶人。"在对城市设计的时候更加注重强调"公共空间"的概念，所谓公共空间是自发的社会互动的基地，是人们沟通的一种手段。职业体育比赛每周都会在城市的体育场馆举行，对于球迷而言，体育场馆已经成为人们彼此沟通的空间，同时一些美好的记忆和精彩的时刻也都在这里发生。

同时，体育场馆还是一个城市的标志性建筑，更是城市文明程度的象征，每一个体育场馆都是见证着球迷们无数美好记忆的地点。在欧洲，每一个体育场馆及其所属的职业体育俱乐部最初都是由一块业余场地发展而来的，并且在当时的该地区与之并存的可能有成千上万的小俱乐部。

（四）俱乐部队服设计和颜色

与计算机一样，人们的信息加工过程会经历不同的阶段，在此过程中刺激被输入和存储。然而，与计算机不同，人们不是被动地加工眼前的信息。首先，我们的环境中只有少量的刺激被注意到，这其中只有更小的一部分是被留意到的，进入意识中的刺激也许没有被客观地进行加工。刺激的意义是由不同偏见、需要和经验的个体来解释的。暴露、注意和解释这三个阶段构成了知觉的过程。当色彩以不同的光强度和不同的波长作用于视觉系统后，将会发生一系列的生理、心理反应，这些变化与以往的经验对应时，就产生了情感、情绪方面的心理共鸣。自公元前5世纪的苏格拉底时代，哲学家就开始讨论色彩的意义，但是直至17世纪早期牛顿才通过棱镜揭示了光谱。对颜色的认知取决于颜色的物理波长及人的意识对颜色刺激做出的反应方式。颜色会唤起球迷强烈的情感，职业体育俱乐部与颜色的联系越来越紧密，以至于其选择的颜色已经成为俱乐部的标志，有些俱乐部的别名都是用颜色来形容的，例如"红魔"曼联、"红军"利物浦、"绿衫军"凯尔特人、"紫金军团"洛杉矶湖人队等。甚至有些俱乐部对于某种颜色已经拥有了特定的使用权。

如表5-2所示，曾有一些色彩学家对各种色彩的心理感情价值做了广泛的社会调查，通过对历史的提纯，运用概率论的方法制成图表，从色彩角度表明了人们感知的感情价值、感知因素，都具有超出生活实际的感知价值，这其中尤以克拉因和大庭三郎的色彩感情价值表最具代表性。

表5-2　色彩感情价值表

色	客观感觉	生理感觉	联想	心理感觉
红	辉煌、激烈、豪华、跳跃(动)	热、兴奋、刺激、极端	战争、血、大火、仪式、圆号、长号、小号	威胁、警惕、热情、勇敢、庸俗、气势、激怒、野蛮、革命
橙红	辉煌、豪华、跳跃(动)	烦恼、热、兴奋	最高仪式、小号	暴躁、诱惑、生命、气势
橙	辉煌、豪华、跳跃(动)	兴奋(轻度)	日落、秋、落叶、橙子	向阳、高兴、气势、愉快、欢乐
橙黄	闪耀、高尚(动)	温暖、灼热	日出、日落、夏、路灯、金子	高兴、幸福、生命、保护、营养
黄	闪耀、高尚(动)	灼热	东方、硫磺、柠檬、水仙	光明、希望、嫉妒、欺骗
黄绿	闪耀(动)	稍暖	春、新苗、腐败	希望、不愉快、衰弱
绿	不稳定(中性)	凉快(轻度)	植物、草原、海	和平、理想、平静、悠闲、道德、健全

色	客观感觉	生理感觉	联想	心理感觉
蓝绿	不稳定呼应（静）	凉快	海、湖、水池、玉石、玻璃、铜、埃及、孔雀	异国情调、迷惑、神秘、茫然
蓝	静、退缩	寒冷、安静、镇静	蓝天、远山、海、静静的池水、眼睛、小提琴	灵魂、天堂、真实、高尚、优美、透明、忧郁、悲哀、流畅、回忆、冷淡
紫蓝	静、退缩、阴湿	寒冷(轻度)镇静	夜、教堂窗户、海、竖琴	天堂、庄严、高尚、公正、无情
紫	阴湿、退缩、离散（中性）	稍暖、屈服	葬礼、死、仪式、地丁花、大提琴、低音号	华美、尊严、高尚、庄重、宗教、帝王、幽灵、豪绅、哀悼、神秘、温存
紫红	阴湿、沉重（动）	暖、挑逗的、抑制、屈服	东方、牡丹、三色地丁花	安逸、肉欲、浓艳、绚丽、华丽、傲慢、隐瞒
玫瑰	豪华、突出、激烈、耀眼、跳跃（动）	兴奋、苦恼	深红礼服、蔷薇、法衣	安逸、虚荣、好色、喜悦、庸俗、粗野、轻率、热闹、爱好华丽、唯物的

资料来源：大庭三郎《舞台照明》。

综上所述，俱乐部的队服可以有效地向球迷传达视觉信号，帮助球迷更加清楚地辨识运动员。俱乐部对于队服的设计一般情况下都能传出俱乐部的很多信息，已经成了一种有效的诱导球迷的手段。众所周知，所有知名的俱乐部都有了自己永久的俱乐部色彩，很多成立时间很久的俱乐部已经用特定的色彩进行了

100 多年的比赛。时至今日几乎全部的职业体育俱乐部每个赛季都会和体育服装供应商合作精心设计俱乐部队服。根据比赛规则,一般情况下每支参赛的俱乐部都应有"主场"和"客场"两套队服,通常"主场"队服具有俱乐部的明显特征。在赛场外,各个俱乐部的"主场"队服作为体育时装的象征,被各自的球迷所接受和爱戴;甚至在赛场上,队服的用料、设计和颜色都可以成为战胜对手的有力武器。

第二节 职业体育球迷消费行为特征

职业体育俱乐部与其他企业一样,在拥有了球迷基础之后首先要面对的就是如何维持与球迷之间的融洽关系,职业体育俱乐部应该做到像了解自己的家人一样熟悉每一个球迷,这样才能了解他们各自不同的期望、兴趣爱好、需求和行为习惯等,进而促进职业体育的持久健康发展。职业体育俱乐部之所以要与球迷保持良好的关系,其目的就是要为球迷提供深刻的理性满足和情感呼应,以此激发球迷长期支持俱乐部的行为。特别是在竞争日益激烈的职业体育竞争环境下,了解球迷的消费行为特征就变得更加重要。

一、 职业体育球迷支持和参与职业体育比赛的动机

对于职业体育球迷消费行为特征的研究主要面临两大挑战,第一个挑战是如何理解球迷动机与特殊行为的关系,第二个挑战是试图通过研究球迷群体的足够广泛的动机以获得一般的形成行为的动机机制。结合国内外学者对于个体球迷消费者支持和参与体育比赛的动机种类的研究,可总结出其参与动机主要分为 4

类：寻找压力和刺激、休闲娱乐、追求成绩、社交活动。动机的来源是心理和社会的需要，学者通过建构心理模型描述了一般的参数如何影响及对于个体与体育目标或者娱乐目标之间的联系。

二、 球迷购买俱乐部产品类型的特征

消费者行为学将消费行为界定为：消费者为获取、使用、处置消费物品所采取的各种行动，以及先于且决定这些行动的决策过程。消费者行为是与产品或服务的交换过程密切联系在一起的，企业期望与消费者建立长期而稳定的交换关系，即培育忠诚的消费者。消费者行为具有多样性、可诱导性、动态性、互动性和交易性等特点[1]。对于球迷来说最重要的产品是职业体育的联赛产品，即一个赛季的联赛。球迷对于职业联赛的消费活动是从一个赛季的职业联赛的开始一直到最终决出冠军的过程。对于球迷来说除了联赛产品之外，他们仍然会对其他的产品即附加产品感兴趣。职业体育的附加产品主要包括：官方吉祥物，以及由此衍生的各类产品（毛绒公仔、服饰、书包文具、钟表、便当盒），很多职业体育俱乐部都拥有吉祥物，用吉祥物和各种职业体育俱乐部标志产品装饰的房间是每个球迷的梦想，为了活跃赛场气氛，制造欢乐温馨的环境以吸引小球迷，吉祥物扮演者们也获得了免费看球和近距离接触球员的大好机会；俱乐部专卖店售卖的产品包括以其队名冠名的体育用品，至少有上千种的产品，其中包括球迷版的运动服装、儿童休闲服饰等；职业体育联盟和俱乐部举办的各种训练营、培训班甚至理疗中心等；职业体育联盟组织的社会公益活动；围绕超级运动员开发的各种产品，包括

① 叶敏，等：《消费者行为学》，北京：北京邮电大学出版社，2008 年，第24 页。

球星冠名的球衣、球鞋等。

　　数据显示，中国职业体育球迷购买的俱乐部主要产品包括球队衣服和有队标的其他产品，而球队吉祥物和宣传册则很少有人问津。（如图 5-3 所示）

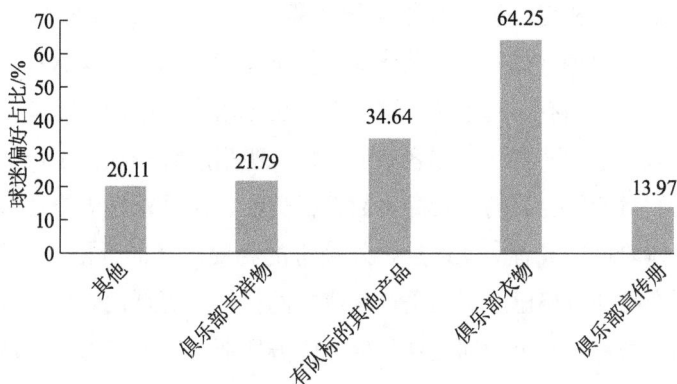

图 5-3　球迷购买职业体育俱乐部产品类型示意图

　　球迷购买联赛产品之外的相关产品其目的主要是留住某种记忆，球迷购买印有特殊标识的 T 恤或围巾帽子是为了回忆某个球场或某场比赛，总之，购买职业体育产品主要是为了更好地回顾自己曾经的体验。这类产品往往是球迷们十分珍视的东西，其象征价值远远超出了产品本身的使用价值。例如，曾经有一张1909 年的英格兰足总杯决赛门票以创世界纪录的 23500 英镑的价格成交，当时这张票只值 1 便士。球迷购买俱乐部相关产品还有一个重要的原因是通过这种方式展现自己的立场和经历，以此来引发其他球迷的羡慕，在某种意义上球迷购买的纪念册、吉祥物构成了球迷间交际的方式，可以说职业体育的相关产品是球迷延伸体验的一种重要方式。有时候球迷对于纪念品的关注甚至超越了比赛本身，NBA 中国赛就出现了"外热内冷"的现象，在万事达中心，NBA 官方专门设置的纪念品专卖店成了最受球迷欢迎的区域，仅 NBA 球队的正品球衣和纪念 T 恤似乎就满足了中国球迷的一切需要。仅仅一场比赛下来，就连具有商业标识的马克杯都被球迷一扫而光。同时，NBA 还为每个到现场观赛的球迷准备了大礼包，里面有印着赞助商标识的帽子、具有 NBA 印记的 T 恤及加油助威用的荧光棒、海绵垫等，球迷不仅欣赏了精彩的比赛还拥有了纪念品，这便全方位地增强了球迷的体验。

对为企业而言，为顾客制造回忆是吸引顾客的绝佳手段，每年人们对于纪念品的消费高达数百亿美元，而且销售价格远远高于在体验场所或者活动地点之外销售的相同产品的价格①。顾客购买产品的价格已经不再是产品成本的指标，而是代表着购买人附加在这种体验上的回忆性价值。西方职业体育为了增加小球迷们的体验和回忆，特别设计了俱乐部吉祥物及由此衍生的各类产品（毛绒公仔、服饰、书包文具、钟表、便当盒），例如每一个曼联队的小球迷都拥有一个用弗雷德（曼联官方吉祥物的名称）墙纸和各种曼联标志产品装饰的房间的梦想，弗雷德可爱的笑脸伴随着孩子们学习、成长，同时也把对红魔的热爱种在他们幼小的心灵里，同时弗雷德还会通过真人扮演的方式出现在老特拉福德球场，目的是活跃赛场气氛，制造欢乐温馨的环境，拉近与小球迷的距离。

对球迷难忘的体育记忆的调查显示，中国球迷对于体育的记忆大部分来自 2008 年北京奥运会和竞技体育以前冷门项目的突破（例如 2004 年雅典奥运会刘翔夺得 110 米栏的冠军和李娜获得网球大满贯赛事的冠军等），大部分球迷的体育记忆都是关于

---

① 约瑟夫·派恩：《体验经济》，北京：机械工业出版社，2012 年，第 67 页。

国外职业体育联赛的回忆（以 NBA 和欧洲足球联赛居多），而几乎找不到球迷关于本国职业体育的难忘记忆。

三、 球迷对于职业体育联盟和俱乐部相关产品的支出

如表 5-3 所示，从球迷每年参与职业体育活动的支出状况来看，总花费在 910～2400 元之间，其主要消费就是球队产品和门票，值得一提的是会员费为 0。虽然目前有很多俱乐部开启了会员制的经营模式，但是中国职业体育俱乐部经营管理还处于摸索阶段，还没有十分明确俱乐部会员的权利，同时球迷也还没有形成这种理念。对于住宿和餐饮来说，理论上在赛事周期间，赛事区域中所有旅馆的入住率应该能达到 100%，并且房费都有非常明显的上涨，其中相当多的房间都应是在赛事前相当早的时间里以符合旅馆强制性预定天数而被预订的。但由于国内球迷很少随主队到客场比赛地点，因此住宿、交通、餐饮的比重并不大。

表 5-3　球迷每年参与职业体育活动相关支出

元

总花费	交通	住宿	餐饮	球队产品	会员费	门票
910～2400	10～100	0～200	100～300	500～1000	0	300～800
约占比例/%	3	8	12	55	0	22

国外职业体育联盟则非常重视客场球迷对于区域经济的影响，调查表明，由于 90% 以上的球迷都不会跟随俱乐部到客场参加比赛，而职业体育联赛有这样的规律：重复地赛事运作管理者＋循环重复赛事地点＝更巨大的观众人群，因此整个赛季主客场的比赛，如果赛事的时间、地点和管理运作者的长时间一致性，可以大大提升观众总数和非当地观众总数。其主要原因是：在当地市场外还有更多的、更熟练的、更积极的赞助者行为；旅

游公司、旅馆经营者、饭店经营者和其他当地商业经营者为能最大限度留住赛事观众竭尽所能提供的从旅游—住宿—娱乐的一条龙式的服务，这些都是以商业经营者在连续的赛事中所积累的丰富经验为基础；整个赛季的连环重复性使赛事观众逐渐建立一种重复循环及悠长假期式的体验。

职业体育运动无论是美国四大体育联盟、网球大满贯，还是一级方程式大赛，其所创造的奇异的经济效益和由此引发的规模效应都是巨大的，它们是不可小看的区域（地区）经济财富创造者。职业体育的经济表现就是通过举办赛事吸引全世界范围内的跨地区、跨国家的球迷。出色的职业体育联盟必然会吸引全世界球迷的关注，其大多数球迷并非当地人口。所以当这些非当地球迷在赛事经济区域消费时，这些财富就是"新货币资本"或"外来货币资本"对当地经济的注入。对于到客场参与俱乐部比赛的外地球迷来讲，他们前来观看赛事和停留的时间比当地球迷停留的时间要长得多，因此这些非当地观众在赛场外的消费则会更多，而这些消费主要集中于零售、临时住宿、食品、饮料、服饰、交通娱乐等。无疑带动了当地零售及服务娱乐行业的就业。（如表5-4所示）

表 5-4 欧洲联盟一级方程式大奖赛经济影响统计报表

赛事	赛事周总观众	星期日总观众	非本地观众	总消费（美元）	非本地观众消费/%	涉及商业单位	涉及工作职位	临时工作	受影响区域面积（平方公里）
奥地利	234,500	110,000	96.5%	36,988,250	98	1,464	9,513	1,450	15,589
比利时	203,000	81,000	93.0%	33,225,000	93	1,626	5,626	2,500	1,158
英国	182,000	90,000	80.0%	50,151,000	90	5,420	44,690	3,000	5,231
欧洲	276,500	115,000	83.0%	66,344,300	90	3,037	14,887	800	8,289
法国	184,500	75,000	92.0%	53,660,800	98	8,881	37,267	8,000	25,255
德国	258,500	91,000	70.0%	47,702,100	70	3,632	17,271	—	4,531
意大利	188,000	90,000	65.0%	43,860,800	70	43,527	251,222	2,000	9,228
摩纳哥	222,432	66,505	60.0%	71,493,200	80	6,364	26,568	800	1,889
葡萄牙	55,600	37,300	50.0%	10,704,000	60	8,186	47,104	1,300	550
圣马力诺	176,975	81,353	78.0%	42,195,200	85	15,124	142,000	1,250	6,937
西班牙	134,700	65,000	50.0%	33,571,200	60	30,078	142,207	—	3,142
总数	2,116,707	902,158	77.0%	489,895,850	83	127,339	738,354	21,100	81,142

如表 5-4 所示，世界汽车运动联合会和欧盟曾经有针对性地对世界一级方程式大赛（以下简称 F1）之于区域经济的影响进行过深入细致分析与估量。其内容主要包括观众总数量、客场观众数量、在赛事区域停留的时间和消费状况、主要购买的产品、受益商业群体类型和数量、赛事期间创造的就业机会数量，以及一级方程式大赛对区域经济在时间、空间上的影响等。数据表明，F1 的车迷每天在门票、停车、汽油、住宿、食品、饮料、娱乐，交通和旅游零售方面的总消费平均可达 229 美元。通过对赛事当地旅游管理官员、当地赛事管理官员及同汽车运动与旅游方面的专家面试咨询，并结合赛事举办地商业数据库的系统分析，共有127339 个商业单位及 738354 个工作职位从 F1 大赛中受益。这是目前中国职业体育产业难以企及的，中国职业体育联赛完全没有发挥出区域经济的产业效应，消费区域也仅仅局限于"比赛日"。

四、 球迷购买俱乐部比赛门票情况

调查中，有 92% 球迷一般不会选择购买一个赛季的套票。对于成立 20 多年的中国职业联赛来说，职业体育的球迷文化略显稚嫩，球迷中"唯成绩论"的价值取向占据了主流。这就逼迫了俱乐部必须要保持好的成绩才能拥有好的球市，球迷才会花钱到现场观看比赛。以中超联赛北京国安足球俱乐部的主场为例，1995—1999 年由于是职业联赛成立初期，大部分观众出于对新鲜事物的好奇，使得工人体育场的上座率维持在一个较高的水平，而后随着北京国安俱乐部有实力球星的转会和外援引进的不力导致球队成绩下降，2001 年名次更是下降到了第 8 名，加上假球、黑哨、赌球横行，主场球市迅速下跌，最少的时候容纳

10 万球迷的工人体育场仅有三五百人到场观赛。直到 2009 年北京国安夺得了俱乐部历史上第一个联赛冠军，其球市才慢慢复苏，当然，这与国安俱乐部开始注重球迷文化的营造也有着直接关系。

门票价格也同样影响着球迷是否购买球票到现场支持主队比赛。对于中国职业联赛来说，年票的价格与城镇居民人均可支配收入相比是可以接受的。以北京为例，北京国安 2014 赛季的电子年票计划发行总数量为 25089 张，并按照看台及座位分三档票价进行销售，票价分别为：600 元/张、700 元/张、800 元/张，持 2014 赛季电子年票可观看 2014 赛季北京国安俱乐部亚冠联赛（不包含资格赛、半决赛、决赛）、中国足球超级联赛和中国足球协会杯赛（不包含决赛）的北京国安主场赛事，而 2014 赛季北京国安主场散票价格分为 50 元/张、100 元/张、150/张元和 200 元/张共四档，特殊及关键场次散票价格会略有浮动，散票则是以先到先得的方式进行销售。根据北京统计信息网 2013 年 9 月对北京市主要经济社会指标的统计调查表明，北京市城镇居民人均可支配收入为 29626 元，年票的价格只占可支配收入的 1/37。显然，职业体育市场的低迷与经济水平并无直接关系，百姓对于体育的认同感才是决定产业发展的关键所在。

NBA 也采用多种手段吸引球迷进场观看比赛。经过多年实践，NBA 将球票分成季票、月票和普通票，此外还有包厢票、专座票、场边座票和站票，可以满足各阶层人士的需要。为了吸引更多的球迷观看比赛，NBA 还要求每个俱乐部每场比赛至少有 500 张 10 元以下的门票。

五、　球迷获取职业体育俱乐部信息的主要渠道

消费者的购买决策过程是企业发出信息，消费者通过中介接受信息并做出购买决策的过程。对于职业体育来说，媒体的宣传和报道至关重要。我们对球迷了解俱乐部和联盟动态的媒体方式进行了调查，数据表明，电视和网络是球迷获取信息的主要渠道，其次是报纸、杂志。这主要是因为电视媒体的直观形象和网络媒体的快捷与海量，但同时也造成了体育信息的相对过剩。体育传媒的数量过大，供大于求，造成信息资源的相对稀少和大量同效的资讯重复，使得日益专业的球迷很难找到自己想要的信息。正是因为网络媒体的崛起，导致《21世纪体育》《体育时报》《体育快报》《青年体育》《足球11人》《体育生活报》《北京足球报》《体育参考》《体育天地》《体坛导报》《南方体育》与《球报》等曾经在体育专业报中很有分量的报刊也以各种各样的方式销声匿迹。这样的环境导致球迷利用报刊获得比赛信息的比例仅为电视媒体和网络媒体的一半。而西方像法国的《队报》、意大利的《米兰体育报》、德国的《踢球者》，以及西班牙的《马卡报》为球迷提供的专业职业体育信息是其他媒体所不能取代的。

六、 球迷对于职业体育联赛的关注特点

职业体育一个赛季的发展是联盟内所有俱乐部按照一定赛程设置进行比赛，最终决出冠军和降级俱乐部的过程。职业体育联赛从联赛发展过程来看，主要包括季前赛（为联赛准备的各种热身赛）、常规赛和季后赛，赛季中的每一场比赛是组成联赛产品的最小单位产品。

调查表明，球迷在季前赛和常规赛阶段都会关注自己喜爱的俱乐部，而到了季后赛阶段一旦自己喜爱的球队没进入季后赛或者过早被淘汰，球迷一般不会停止对联赛的关注，而是转而关注

争夺冠军的比赛。例如广州恒大俱乐部在参加国内联赛的时候，关注恒大的球迷大部分是广东当地的球迷，而到了恒大俱乐部参加亚洲冠军联赛尤其是进入四强之后的比赛时，恒大俱乐部就变成了全国球迷关注的焦点。事实上，球迷不会一年到头关注球队的所有比赛，有些比赛是必须要关注的，例如支持俱乐部争夺冠军的比赛、同城德比大战、在某些传统节日举行的比赛（例如"圣诞大战"）、俱乐部保级的比赛、有超级球星参加的比赛等。因此，很多联盟都会煞费苦心编排每个赛季的联赛赛程，力求将联赛的精彩程度最大化。伴随着球迷对于职业体育的关注越来越多，职业体育产品的外延也在不断地扩大，例如有些职业联赛为满足球迷的需求开始对赛季开始之前各俱乐部的训练营进行转播，还有的联赛将比赛前的热身活动纳入了转播的时间内，中央电视台 5 频道甚至还会对 CBA 的运动员体能测试进行全程直播，让全国球迷充当"评委"，直接参与到职业体育俱乐部的建设中去。

本章小结：调查表明，球迷形成的平均年龄一般在 15 周岁左右，属于青少年群体，家庭亲人熏陶和对体育运动员的关注是个体成为球迷的主要动因。此外，球迷选择所要支持的俱乐部主要受俱乐部的实力和俱乐部所拥有的球星两大因素的影响，俱乐部所在的城市、俱乐部颜色和队服，甚至俱乐部主场的场馆也影响着球迷对于俱乐部的选择。

本章还从球迷购买俱乐部产品类型、门票情况、获取俱乐部信息途径及球迷对于职业体育的关注重点进行了研究，调查表明：中国职业体育球迷主要购买的俱乐部产品是球队衣服和有队标的其他产品，而球队吉祥物和宣传册则很少有人问津；从球迷每年参与职业体育活动的支出状况来看，总花费在 910～2400 元之间，其主要消费就是球队产品和门票，值得一提的是球迷在会员费支出上为 0，由于 90% 以上的球迷都不会跟随俱乐部到客场比赛地点，交通、餐饮的消费所占比例也不大；电视和网络是球迷获取职业体育相关信息的主渠道；有 92% 球迷一般不会选择购买一个赛季的套票；球迷在季前赛和常规赛阶段都会关注自己所喜爱的俱乐部，而到了季后赛阶段一旦自己喜爱的球队没进入季后赛或者过早被淘汰，球迷不会停止对联赛的关注，而是将视线的焦点转移到争夺冠军的比赛中去。

第6章 球迷对于俱乐部忠诚的形成机制

目前关于球迷对职业体育俱乐部忠诚的研究基本上都是以品牌忠诚的理论做为理论模型进行探讨的，这种研究的缺点是将球迷的忠诚局限于市场营销领域，更加注重营销策略，对于职业体育俱乐部而言其营销策略只是关注上座率、会员数量及俱乐部产品销售数量等，而忽视了真正驱动球迷忠诚于俱乐部的情感动机。

第一节 球迷忠诚的意义

忠诚的消费者是企业梦寐以求的。首先，消费者一旦对企业产品形成偏好和忠诚，就很难为其他企业的产品所动，甚至对其他企业的产品采取漠视和抵制态度，无形中减轻了企业的竞争压力；其次，当消费者品牌忠诚度很高时，会削弱新产品特色和竞争企业所采用的各种营销策略；最后，消费者的忠诚可以使企业在价格定价上占得先机，一般情况下都会高于同类竞争产品的价格，从而使企业在竞争中处于有利位置①。

职业体育如此火爆，其重要优势就是职业体育俱乐部及超级运动员深受全世界球迷的追捧，职业体育球队的市场根基来自球迷，球迷对于职业体育俱乐部的高度忠诚保证了其无法撼动的市场优势。同样，一个国家职业体育经营和发展的核心取决于忠实而庞大的球迷基础。职业体育拥有大量忠实球迷为其奉献一生，即使深爱的俱乐部长时间战绩不理想甚至降级，也不会改变其对俱乐部的喜爱。忠实的球迷是独一无二的消费者，是无需进行促销的消费者，他们对于球队的忠心和承诺是职业体育发展的最坚实基础。

一位 NBA 球探曾说：你喜欢篮球（you like basketball）和你真正热爱篮球（love basketball）是完全不同的概念。英国著名球迷兼作家亨特·戴维斯认为足球迷总是喜欢把自己想象为足球这个大家庭中的一部分，是遍布全球的千千万万球迷的一员，比赛是一样的，规则是一样的，就连经历的情感变化都是那么的相似。球迷对于职业体育俱乐部的忠诚不仅仅在于它强调球迷对于特定俱乐部甚至民族的认同感，还在于它完全可以升华到一种与全人类共同的情感。社会学家把这种情感称为"终极关怀"的情感。球迷对于职业体育俱乐部的忠诚是一个心理变化过程。大致为吸引—归属—忠诚的心理转变。这种忠诚远远超越了球队比赛胜利所获得的感受。球迷的忠诚影响他的行为，例如持续不断的到现场观看球队的比赛，关注球队的相关信息，以及购买球队的相关产品。

---

① 叶敏，等：《消费者行为学》，北京：北京邮电大学出版社，2008 年，第147 页。

第二节　球迷忠诚的内涵

一、 品牌忠诚的含义

品牌忠诚简而言之就是消费者与组织之间的一种持久的关系，换句话说，消费者的忠诚是消费者必须拥有对于企业产品的良好心理感觉，并且持续不断的与企业发生经济行为。一般包含两层含义：一是消费者在以往的购买中，选择某一特定品牌的频率很高；二是消费者对该品牌形成偏好，显示一种明显的购买意图。

忠诚是消费者一种复杂的心理状态，因此很难测量和理解。学术界对于忠诚的研究已经很多年，但仅仅局限于对于品牌忠诚的研究。直到 1991 年 Backman 和 Crompton 才开始对顾客休闲旅游的忠诚进行研究，研究内容主要集中在回头客的体验目标和行为选择及回头客的行为习惯，探寻回头客的经历和计划。但是仍然不能解释人们重复光顾相同地点或者相同行为。重复光顾的行为是不能仅用行为测量单一维度来解释的，因为重复光顾还受到态度和环境等因素的影响。

二、 球迷忠诚的概念界定

从消费者的品牌心理和行为的角度，球迷对于俱乐部的忠诚是品牌忠诚的一种表现形式，但是其忠诚程度要比其他产品的消费者更加强烈。球迷忠诚是球迷对于职业体育俱乐部持续不断的支持，是建立在对于俱乐部认知和情感基础上的一种心理承诺。而这种承诺很难轻易改变，同时还深刻影响球迷的认知思想和行为。按照学术界对于球迷忠诚的理解，应包含 2 个部分的内容：即个体的行为特征和心理特征。

三、 球迷忠诚的内容

职业体育球迷对俱乐部的忠诚主要包括两个维度：态度忠诚和行为忠诚。

心理承诺和情感归属也被视为忠诚中态度特征的组成部分。信任和承诺是忠诚的起因。态度维度主要包括球迷对于俱乐部的心理承诺，而这种心理承诺则意味着球迷是否对俱乐部有着强烈的归属感，这种归属感是一种持久的感觉，并且拒绝接受任何形式诋毁俱乐部的言论。

行为忠诚主要包括球迷参与俱乐部比赛和其他活动的行为，主要包括：到现场观看俱乐部比赛、电视观看俱乐部比赛、通过媒体关注其他竞争对手的情况、购买俱乐部相关产品、穿戴印有俱乐部颜色和队徽的衣服、说服其他人支持俱乐部及口头的语言传播（spread of word-of-mouth）等。

第三节 球迷忠诚的形成原因

一、 球迷忠诚的层次

学术界主要通过球迷对俱乐部比赛输赢所表现出来的态度来衡量球迷忠诚度的高低，得出的主要结论即有的球迷参与比赛不管球队输赢都会很娱悦，有的球迷认为球队的输赢很重要。如果按照球迷对比赛输赢的态度为分类标准的话，球迷群体可以分为俱乐部球迷和体育球迷。这种解释虽然普遍，但是不能全面的总结球迷的忠诚。按照行为心理学理论，球迷对于某个特别的职业体育俱乐部忠诚主要存在三个层面的形式：认知层面，作为消费者逐渐建立对于职业体育俱乐部的认知；行为层面，不管俱乐部的成绩与否，球迷始终如一的参与俱乐部相关活动、购买俱乐部的相关产品，甚至还可以参与到俱乐部的经营管理中去；态度层面，作为消费者坚决信赖职业体育联盟和俱乐部，而个人的利益追求和团队认同是球迷忠诚于俱乐部的基础。

二、 球迷对于俱乐部忠诚的心理过程

没有一个球迷是天生就对某个俱乐部感兴趣的。球迷从喜爱体育到对俱乐部的高度忠诚实质上是一种情感培育过程，这种情感培育必须要经历一个心理发展的过程。社会学家 H. 布莱恩特在他的研究中发现，人们在从事一种休闲活动时，会历经几个程度不同的专业化阶段（stage of specialization），初始阶段，是初学者阶段，人们对自己的行为不会有更大的期望，随着专业化的深入，人们会通过不断地学习并给自己提出挑战，到了第三个阶段人们开始成为某项运动的爱好者，这个阶段其自我形象与这项运动紧密地联系在一起，并将这一运动当成自己生命中不可缺少的一部分。

如图 6-1 所示，按照球迷对于体育的情感参与程度和心理发展过程，个体从一个爱好者发展到铁杆球迷大概要经历：参与—吸引—归属—忠诚的情感参与过程。按照球迷参与体育及对职业体育俱乐部的热爱程度，其最高程度的参与就是对俱乐部的忠诚，忠诚度高的球迷支持俱乐部的目的是超功利性的，与外在的商业利益毫无关系。球迷的心理经历了社会认同和社会控制（球迷对于球队热爱的动机）、心理联系（喜爱和归属之间的阶段）

和心理承诺（发展并达到球迷忠诚）3 个阶段。从个体对体育的喜爱开始，每个阶段的缺失都会影响球迷忠诚度的高低。

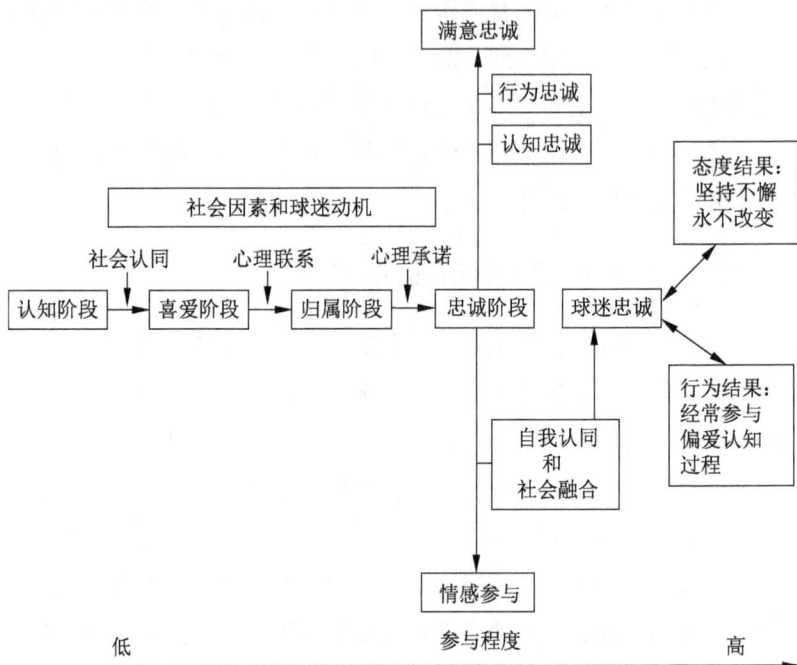

图 6-1　球迷忠诚的心理过程与情感参与程度示意图

三、　球迷忠诚的社会心理特征

Gounaris 和 Stathakopoulos 2004 年在品牌忠诚成因的研究中指出，购买行为、情感归属、社会影响（社会团体影响和个体的推荐）是忠诚的诱因。著名学者 Wann 把如何保持球迷对于职业体育兴趣的驱动力作为研究重点，总结出球迷参与职业体育相关活动动机主要包括：团队归属、家庭影响、审美享受、自尊、经济因素、逃避现实和娱乐消遣。

综上所述，影响球迷参与职业体育深浅程度的因素则主要包括：社会交往、保持自尊、归属感和承诺。球迷对于俱乐部忠诚各个阶段的变化其本质主要是上述因素的影响，尤其是团队归属和心理承诺是研究球迷忠诚的重要线索。个体对于团队的情感归属可以加强他们对于一般意识的控制，其内容主要包括两个维度：归属焦虑和逃避现实生活，也就是作为团队成员的自豪感和被团队的认同感，以及加入某个团队是否值得。

社会交往和保持自尊理论为我们提供了球迷从对体育和俱乐部的认知转变到喜爱过程的理论依据，娱乐性只能使得球迷短时期内参与俱乐部相关活动，从长远来看，社会交往、参与体育运动及媒体对于体育的宣传才是球迷取得认同的最重要因素。

职业体育是现代体育自下而上的发展进程中从竞技水平高端部分游离出来的竞赛表演业，球迷忠诚度也同样经历着由低到高的心理发展过程。球迷对于特定俱乐部的心理承诺可以理解为一种爱的归属，是最终驱动球迷转变为球队忠诚的因素。

四、　球迷忠诚的行为特征

一个忠实的消费者当其发展到了对于产品和服务具有高度归属感的时候，他们甚至会不顾牺牲自身进行交易。真正的忠诚是个人最高水平的投入。同样，一个忠实的球迷绝对不会因俱乐部的胜利或失败而改变自己的选择，但忠诚的球迷会对俱乐部的表现更加挑剔，观看比赛时的情绪变化幅度更大。

（一）忠诚球迷的衣着特征

球迷身着有俱乐部标识的队服或者印有球星号码和名字的运动衫到现场观看比赛是表达对俱乐部热爱和忠诚的最好方式。球迷去现场观看比赛，包括参与俱乐部组织的社会活动一般要仔细选择着装，不会随意选择衣服，他们一般要穿着具有俱乐部标识的衣服到现场支持球队，以此表达自己对于俱乐部的忠诚，甚至在俱乐部客场比赛的时候也同样如此。

任何一个忠诚球迷无论其经济条件好坏还是社会地位高低，一般都拥有至少一套代表俱乐部的服装或者装备。这些装备的种类繁多，可以是球帽、运动衫、T恤、夹克、领带、围巾、袖扣、提包、手套、球队吉祥物、钢笔、马克杯、队旗、毛巾、钥匙链、钱夹、智力玩具、打火机、香味蜡烛、垂饰、戒指、靠垫、热水瓶、时钟、圣诞饰品、饭盒等。职业体育俱乐部和职业体育联盟将队徽和协会标识印在商品上以获取收益。

忠诚的球迷一般不会穿着十分个性化的服装出现在赛场内，也不会穿着与比赛内容毫不相干的队服，例如篮球赛场穿着足球队服，这样的情况更不会发生在铁杆球迷身上。一般情况下，当球队队员转会到其他俱乐部后，球迷不会穿着转会球员的队服再次出现在赛场中。

（二）球迷一般不会错过俱乐部赛季的大部分比赛

球迷对于职业联赛的关注不会拘泥于某场比赛，而是关注整个联赛的发展。美国的NBA和NHL有82场常规赛的比赛，每场比赛进行两个半小时左右，整个赛季时间跨度是82天，近3个月，球迷要至少拿出205个小时来参与职业联赛，意味着球迷如果不休息的话要留出8天半观看体育比赛。对于球迷来说，美国职业棒球联赛（MLB）是其花费时间和精力最长的联赛，MLB有162场常规赛，每场比赛3个小时，关注整个赛季的比赛需要5个月，486个小时的时间。由于时间限制，球迷不能保证球队的每场比赛都能观看，忠诚的球迷一般会观看球队90%场次的比赛。球迷观看比赛的主要动机包括比赛结果的不确定性，体育赛场每一分钟的比赛都充满悬念，伟大和经典的比赛其高潮往往发生在最后几分钟，甚至几秒钟的争夺，因此每个球迷都不想错过有可能是人生中重要的精彩时刻或比赛。

此外，如果一个球迷错过一场比赛的话，他们还会通过电视、网络、广播及报纸杂志等媒体回顾比赛的过程。

（三）球迷不会错过俱乐部季后赛或者淘汰赛的每场比赛

只有少数俱乐部可以进入季后赛或者决赛阶段，观看所支持的俱乐部季后赛的比赛不是每个球迷都有机会可以做到的，因此他们会更加珍惜季后赛的比赛，同时季后赛的赛场气氛和比赛强度是常规赛不能比拟的，要比其他类型的比赛更精彩。对于通过电视观看常规赛和季后赛的球迷来说，观看习惯也存在明显区别：常规赛阶段，球迷会在电视台插播商业广告的时候选择观看其他频道的节目，因为观看电视有很多选择，包括还有其他项目的比赛在其他电视频道转播；但球迷在季后赛或者淘汰赛的时候会一直观看一个频道的节目，不会选择其他频道的比赛。季后赛的比赛情节走势变幻莫测，球迷不想错过每一个比赛瞬间；当然如果比赛过早地失去悬念，球迷一般会换频道，不会坚持到最后，但忠诚的球迷不会放弃观看球队的比赛。

（四）球迷会坚持到比赛结束后退场

无论是球队还是球迷，临近比赛结束的最后几分钟都十分关键，因为很多精彩的表演都发生在这个时段。有些比赛会过早失去悬念，赛场就会出现观众提前离场的情形，但是忠诚的球迷无论俱乐部表现好坏都会坚持到比赛的最后一刻，甚至比赛结束后仍不会离场，还要为俱乐部加油鼓气。

（五）球迷不喜欢与非球迷坐在一起看球

职业体育赛场的视觉感受、赛场的声音及球场的味道（例如足球场草皮和冰球场地冰块的味道）是其他休闲娱乐活动所无法取代的。球迷到现场和其他球迷融为一体，大声地为球队呐喊助威。相对于电视机观看比赛，球迷到现场可以有更多不同的视角观看球队的表现、啦啦队的表演，与身边的球迷交流甚至与球员近距离互动等，这种比赛体验是独一无二的，是值得亲身经历的视觉享受。

在体育场馆的不同区域看球，感受是不同的，这种感受包括球迷呐喊助威的方式、球迷的个性、球迷参与比赛的动机，以及球迷之间的友谊。对球员在赛场上的表现也十分关键，当球员跑动到每个区域的时候，球迷则会通过自己的方式对球员进行鼓励，甚至有的球迷还会充当教练的角色指挥和提醒球员。

球迷之间的相互影响也是球迷喜欢到现场观看比赛的动因。最重要的是，球迷可以亲眼看到自己喜欢的球队获得比赛胜利，并分享胜利的喜悦。这种与现场成千上万的球迷一起经历喜悦的感受是无法复制的。球迷到主场观看比赛是一种综合体验，观看比赛更加真实，赛场气氛更加活跃，甚至出行都是一次难得的体验，而这些经验无关主队胜利还是失利。

球迷一般喜欢与铁杆球迷坐在一起观看俱乐部的表现，因此球迷在每个赛季购买俱乐部年票或是套票的时候都会选择固定的座位，其中更大的原因是座位的邻居都是通过比赛彼此熟知的球迷，他们在一起互动能够获得集体的心灵体验。这种集体心理体验使球迷心灵交融，共同感受和体验体育比赛带给他们的快乐和享受。此外，俱乐部的比赛不结束忠诚球迷不会离场。

（六）忠诚的球迷一般一生只会支持一家俱乐部

忠实的球迷仅仅会选择一支俱乐部作为自己的支持对象，这种现象在美国被称为球迷的"黄金法则"。这条法则也是衡量球迷是否忠诚的一个重要标志，球迷必须一生热爱所支持的俱乐部，跟随俱乐部经历高潮和低谷。

第四节 职业体育俱乐部建立和保持球迷忠诚的路径

调查表明，中国职业体育球迷在同一个项目中一般会同时支持不同的俱乐部，而且喜欢的球队还会根据月度或者赛季变化，非典型性球迷在中国十分普遍。他们不是俱乐部忠诚的消费者，更没有针对俱乐部的固定花销，而这些偏偏是俱乐部赖以生存的生命线。职业体育的物质基础就是草根球迷的支撑，特别是对俱乐部忠贞不渝的球迷。因此，建立和保持忠诚的球迷队伍对于职业体育联盟和职业体育俱乐部特别重要。

一、 减少球迷损失

降低或消除顾客损失是体验经济时代的一个重要概念。顾客损失是指每个顾客勉强接受的现实（指购买大众化生产的产品和服务）和他们内心期望的最佳体验之间的差距。作为企业来说其营销理念也在发生着潜移默化的转变：第一阶段，营销活动以产品交易为中心，强调如何实现销售；第二阶段，营销活动以消费者关系为中心，强调如何维系回头客并增加销售；第三阶段营销开始演变为邀请消费者参与产品开发和信息沟通等活动，培育忠诚的消费者。上述研究表明，球迷对于俱乐部的忠诚大体上要经历体育的参与、对某个运动项目的热爱、选择喜爱的俱乐部、对

俱乐部高度忠诚等 4 个阶段。球迷对于俱乐部的情感归属所产生
的价值远远超越比赛赢球。因此，球迷已经不只是寻求感官刺激
的大众化消费者，而是具有独立思想、心灵和精神的完整个体。
在当今世界经济高度互联化的趋势下，球迷与俱乐部之间更加强
调合作，新媒体的迅速发展，使企业能够更好地了解成千上万甚
至是数百万个人用户的特定愿望、需要和喜好，出现了"一对一
营销"，这种互动方式通过媒介就构成了消费者与企业相互学习
的关系。如图 6-2 所示，企业与消费者之间的互动次数越多，企
业的学习效果越好，从而就更能把握消费者的真实需求，消费者
损失越少，流失的概率越小（其他企业很难把忠诚的消费者抢
走）。对于具有企业性质的职业体育俱乐部而言通过规模化定制
技术与球迷建立学习关系是有效理解球迷的特定需求、减少球迷
损失的最好方法，同时互动次数的增加也培养了球迷对于俱乐部
的忠诚。

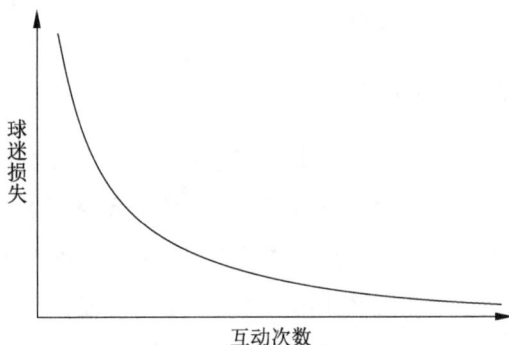

图 6-2　职业体育俱乐部与球迷的互动关系曲线示意图

二、　开启俱乐部会员制模式

西方很多职业体育俱乐部为了增加与球迷之间的互动联系，

培养更多的忠诚的球迷，实行了会员制的管理模式。很多欧洲足球的"豪门球队"一直都沿用诞生之初的"会员制"运营模式，拜仁慕尼黑、皇家马德里和巴塞罗那等国际高水平俱乐部是会员制管理模式的主要代表。这种模式更加注重"非盈利"和"公益"，一般情况下，俱乐部51%以上的股权掌握在会员集体手中，俱乐部每年向每位会员（大部分是球迷）收取一定会费，来支持俱乐部运营。会员拥有投票权，能决定俱乐部的管理层人选和进行重大决策。俱乐部的"非盈利"不是不赚钱，而是赚的钱不能作为利润分掉，必须要继续投入俱乐部的建设。会员集体拥有者的唯一目标是让俱乐部健康长远发展。

会员制对于球迷和俱乐部来说是双赢的。其优势主要表现在以下方面：

首先，易于得到球迷的认同和对俱乐部的忠诚，会员制拉近了球迷与俱乐部之间的联系，球迷成了会员制俱乐部的主人。

其次，会员制可以保证球迷对于俱乐部的持续而稳定的支持，会员制俱乐部由成千上万的会员组成，不会出现因为某些会员的离去而导致俱乐部的解体或垮台，同时会员每年缴纳的会费、会员每年购买俱乐部产品的消费，以及"眼球效应"带来的赞助商的关注会大大改善俱乐部的生存环境。相对于国内的公司制俱乐部来说，那种单一投资人的俱乐部结构很不利于俱乐部的"长治久安"：企业"政策足球"或"广告足球"，投资回报效果不理想就会撤出，同时如果企业本身就遇到经营上的困难，投资人也会退出，从而造成球迷的利益受损。

最后，由无数会员组成的俱乐部可以集合社会的智慧和力量，真正达到"群策群力"。会员制俱乐部会拥有更多的人力和市场资源，确保俱乐部的运营管理不会出现大的偏差——因为主席和运营团队是会员选出来的，不称职就会随时下课，这样的管理机制无疑更加科学、更具竞争力。此外，因为会员制俱乐部的公益性和稳定性，还更加容易得到俱乐部所在城市政府的支持。

调查表明，国内职业体育俱乐部都还没有形成会员制的经营管理模式，笔者在对球迷是否为职业体育俱乐部会员的情况调查中得出：94%的中国球迷都不是俱乐部的会员，只有极少数的球迷具备会员资格，还不是国内俱乐部的会员，而是国外高水平豪门俱乐部的会员。这就造成了很多俱乐部频繁的主场迁移，刚刚站稳市场就不得不因为投资人的问题被迫迁移主场，而当地的球迷对于这样的情况也无能为力。在对球迷最不能容忍球队俱乐部表现的调查显示，球迷最关注的是俱乐部的经营管理，足见一个俱乐部经营管理不利会严重损坏球迷对于俱乐部的情感。

三、 加强职业体育俱乐部的社会责任

按照社会经济学的观点，企业的社会责任不只是创造利润，还应该包括保护和增进社会福利。企业并非是只向股东负责的独立实体，它同样还要为社会负责，在一项对116个国家4200多名管理者的调查显示，绝大多数管理者认为企业在社会中的职责远不止创造利润（见图6-3）。而且随着企业的发展，企业所承担的社会责任会越来越大。企业通过承担社会责任可以获得公众期望、长期利润、公众形象、责任与权力的平衡、满足股东利益等优势①。

---

① 罗宾斯：《管理学》（第9版），北京：中国人民大学出版社，2008年，第112页。

更小　　　　　　　　　　社会责任　　　　　　　　　更大

阶段1 所有者与 管理层	→	阶段2 雇员	→	阶段3 具体环境 中的群体	→	阶段4 更广阔 的社会

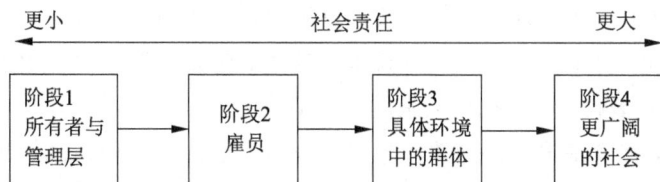

图6-3　企业不同阶段的社会责任

在欧洲足球文化发达地区，俱乐部不仅是球迷的精神家园，还是社区的文化标志。而俱乐部的持久发展，最根本的依靠正是社区和球迷。球迷是俱乐部经济链条的第一环节，没有球迷，就没有门票、转播权收入，更谈不上特许商品等衍生品的商业经营。社区则是俱乐部的生存土壤，对俱乐部的青训、梯队建设、会员和球迷培养与精神传承等都具有重要意义。职业体育联赛中不仅有高水平、市场价值高的大俱乐部，同样也存在实力相对较差的小俱乐部，这些小俱乐部在竞争激烈的职业体育中能够生存的主要原因就是在社区的居民中培养了坚实的情感基础，社区的人们把俱乐部看成是自己家人，无论成绩好坏都会支持。甚至很多俱乐部还经营着当地的社区项目。美国 NBA 联盟十分重视草根球迷的培养，他们通过举办 NBA 全运动员赛、NBA 篮球社区大讲堂、NBA 篮球公园、篮球大篷车、少年 NBA、NBA 篮球大使、篮球无疆界等系列活动让众多篮球爱好者参与到篮球运动中。并十分注重与小球迷联络感情，在系列活动中，通过球星与小球迷的交流、互动，帮助少年儿童养成读书的习惯，更重要的是还可以发展下一代的篮球迷，保持球迷队伍的经久不衰。在我国，职业体育俱乐部缺乏与社区的互动，没有在开发潜在球迷上付出努力。

随着社会主义市场经济的建立，我国开始从计划经济时代的

"单位人"向"社区人"转变,过去单位人生活的福利资源由单位提供,人们与单位的关系是依附关系,但是现在单位对于个体生活的影响较小,社会关系发生了结构性变迁。社区(community)的概念最早由德国学者滕尼斯提出,他认为一切亲密的、秘密的、单纯的共同生活可以归纳为社区内的活动,社区是自然形成的共同的地域文化。社区概念的外延很广,大到国家小到街道甚至每一个家庭都可以理解为社区。社区化的概念和营销中的部落概念非常接近,赛斯·高汀在其作品 *Tribes* 中指出,消费者更愿意和其他消费者相互联系,而不是直接和企业相关联。社区正是企业所寻找的最便利的天然的让消费者之间相互沟通的"圈子"。一般情况下,个体可以组成池状、网状或星状三种类型的社区。池状社区是指消费者共享相同的价值观,但并不和其他成员互动,吸引他们走到一起的是对某个品牌的信仰和强大关联,这种类型的社区属于典型的品牌热衷者群体,值得企业重点培育。网状社区与池状社区的不同之处在于,社区内的成员存在互动关系。这种社区属于典型的社会化媒体社区,成员之间存在深刻的一对一影响关系。星状社区和上面两种情况有所不同,群体内的成员会围绕某个体育人物形成忠实的粉丝团。这种对消费者社区的划分方式和高汀的看法不谋而合,高汀认为消费者群体的组成方式有三种,分别是相互影响型(即网状社区)、领袖引导型(即星状社区)和观点支撑型(即池状社区)。社区的存在意义并不是为了企业服务,而是为组织系统内部各成员服务。职业体育俱乐部必须积极参与到这些社区的活动中,努力为社区的成员服务,才有机会塑造更加忠诚的球迷。

四、 增强职业体育俱乐部与青少年群体的互动关系

上述研究表明,大部分球迷都是从少年时代逐渐开始确立自

己的球迷身份的，因此职业体育俱乐部除了要千方百计地使自己的联赛产品足够吸引观众之外，还应该着重培育自己的潜在市场，加强球迷基础。成为一名对俱乐部忠诚的球迷并不是一蹴而就的过程，这需要俱乐部从小球迷开始关注。目前西方职业体育俱乐部所较为成熟的做法是：俱乐部安排星探关注地方联赛中 6 岁以上的儿童，发掘有潜力的少年使其成为俱乐部的学童，星探会时刻与儿童的家人保持联系，并为其全家提供观看俱乐部比赛和俱乐部组织的各种活动的机会，以此来培养俱乐部与小队员及其家人的情感；职业体育俱乐部在每个赛季的间歇期和休赛期都会设置各种各样的培训班和训练营，并配备俱乐部的运动员和一线队的教练充当儿童的技术指导，增进青少年与运动员的联系；一般情况下俱乐部会在有潜力的学童 14 周岁的时候与其签订正式的合同，为学童提供更好的训练和比赛机会。

第五节　职业体育球迷类型分析

正如对消费者市场细分一样，球迷也可以被分成不同的类型。学术界按照不同的标准从球迷的需求、对于俱乐部的忠诚程度及被俱乐部的认可程度等维度有不同分类。球迷的分类对于准确把握球迷的本质需求，以及职业体育营销策略选择是有十分重要的意义。

学术界从不同角度对球迷群体进行了分类，美国学者 Riche-lieu 和 Pons 将美国职业冰球联盟中的球迷作为研究对象，从球迷需求角度出发把球迷分为四种类型。（1）超级球迷，对于俱乐部有很高的情感归属，并主动投入大量的时间和精力用于参与俱乐部的相关活动；（2）社交型球迷，对比超级球迷来说，社交型球迷对于俱乐部的归属感程度相对较低,他们看重的是通过比赛促进社会交往;(3)经验型观众,他们与社交型的球迷有着相同程度的归属感,但是他们更加关注通过观看比赛取得不同寻常的情感和经历;(4)情境型观众,这一部分观众对于俱乐部的归属感不强,他们只是因为社会交往的原因偶尔到现场观看一次比赛①。Hunt 按照球迷参与俱乐部相关活动的行为和动机的不同,将球迷分类 5 类:临时型球迷、地方型球迷、热衷型球迷、狂热型球迷和功能失调型球迷。这种分类的本质是根据临时性动机和持久性动机来界定球迷的类型,心理学意义上的持久性动机是由自我意识所决定的。球迷的归属感越强,其持久性动机的程度越高,而临时型球迷和地方型球迷其动机带有临时性,不能延续下去②。

临时型球迷对于俱乐部和比赛的兴趣时间是固定的,换句话说,临时型球迷只是在某一个时间段被称为球迷,而这个时间段也许是几个小时或者几年,一旦兴趣和热度过了之后,临时型球迷就会恢复正常生活。地方型球迷则不是因为时间的约束,而是受地域的限制,地方型球迷喜欢某支俱乐部的主要原因是俱乐部所在的城市是其成长和生活的地方。热衷型球迷不会受时间和地域的限制,他们对于俱乐部有着很高的归属感,而这种归属感与自我认同关系密切,但是热衷型球迷的自我认同不是核心部分。狂热型球迷与热衷型球迷一样不会受时间和地域的影响,其认同的程度更加接近自我认同的核心,此外狂热型球迷所表现出的行

---

① Richelieu, Lopez Desbordes. "The internationalisation of a sports team brand: the case of European soccer teams." International Journal of Sports Marketing and Sponsorship, 2008, 10 (1): 29 –44.

② Hunt. "A conceptual approach to classifying sports fans." Journal of Services Marketing, 1999, 13 (6): 439 –452.

为要远远超过热衷型球迷。功能失调型球迷则把对球队的热爱视为自我认同的最重要形式，虽然狂热型球迷也把俱乐部视为生活中重要的一部分，但远不及功能失调型球迷的程度，某种意义上功能失调性球迷的行为是不被社会所接受的，而且还会使比赛混乱，更有甚者会抛弃自己的家庭、朋友和工作，赛场暴力和足球流氓是这类球迷的显著表现形式。

综上所述，按照学术界对于职业体育球迷的分类，本文根据球迷对于俱乐部忠诚的程度和球迷支持俱乐部的行为方式两个维度，可以将球迷的类型分为 4 个类型。（如图 6-4 所示）

图 6-4　消费行为和归属感双维度的球迷分类图

一、　拥护型球迷

拥护型球迷对于俱乐部有着持久不变的情感，俱乐部的每场比赛他们都会到场观赛，他们对俱乐部是一种理性的认同关系，这种关系就如同与家庭和朋友的关系一样密切。他们绝不会因为各种原因改变自己支持的俱乐部，而是始终如一的关心他们喜爱的俱乐部。因此，他们对俱乐部有很深的文化情感和社会情感，他们与其他的拥护型球迷形成了一个具有相同价值观的球迷群体。他们把俱乐部视为他们所生活、热爱的城市的象征，他们对于所在的城市是热爱的，球队的成功也是对城市的集体认同。他们热衷于俱乐部与其他俱乐部的比赛，尤其是与邻近社区和城市的俱乐部比赛。另外，他们理解俱乐部的文化和传统，如青少年梯队建设、球队的一贯打法等，对俱乐部的核心价值观高度认同。拥护型球迷对于球队的球员也一样有着不同寻常的情感。

他们会购买俱乐部的股票并对俱乐部的相关产品进行投资，这对于俱乐部财政是很大的支持。他们在比赛场上是高度团结的，无论球队的比赛是胜利还是失败，他们会在脸上涂画与俱乐部文化相关的图案，身着象征俱乐部颜色的服装，打着有节奏的鼓点，引领全场观众唱队歌、组织人浪、营造比赛气氛。他们已经把俱乐部的主场当成了自己的家园，对体育场地的每一个角落都如数家珍，他们的目的就是营造一个联盟独一无二的球场气氛。拥护型球迷比较狂热，甚至有时候会情绪失控，发生球迷骚乱和球场暴力。对于俱乐部高度认同的球迷，也会对赞助商表现出认同。拥护型球迷主要通过到赛场观看俱乐部比赛，身着球队颜色的队服，行动一致以营造赛场气氛。对于保持传统行为的拥护型球迷来说，他们不会通过购买俱乐部产品，也不会通过市场的方式来获取文化资本。

二、 追随型球迷

追随型球迷之所以对俱乐部关注和支持是基于俱乐部所在的地域、朋友的影响等。他们与俱乐部的关系主要通过电子媒体实现。他们对于俱乐部的支持是以意识形态、政治、宗教信仰等文化方面目的为情感基础的。追随型球迷可以通过建立各种非正式的球迷组织增进不同俱乐部之间的沟通。同时，他们只是对俱乐部的某些重要比赛和某些超级球员感兴趣。

三、　媒体型球迷

媒体型球迷属于新一代的球迷群体,他们与俱乐部同样保持着亲密联系,但是这种关系要相对疏远。换句话说,媒体型球迷与俱乐部、球员、赞助商,甚至俱乐部传统文化的联系主要是靠购买俱乐部相关产品得以实现的。媒体型球迷通过购买俱乐部的相关报刊或使用新媒体关注俱乐部,并以此获得归属感。他们支持俱乐部可以解决俱乐部的实际财政问题,为俱乐部补充财力,而对于职业体育俱乐部来说,则必须要制定战略计划和赛季计划,满足球迷的需求,实现对市场的承诺,否则这一类球迷就会选择其他的休闲娱乐方式,或者选择支持其他职业体育联盟。

媒体型球迷所处的地理位置与俱乐部的赛场距离很远,但是他们对于超级运动员有着浓厚的兴趣,甚至对他们赛场之外的社会活动十分关注。虽然球迷对于俱乐部的关系是亲密的,但是地理上的差距使得球迷远离了俱乐部的主场及俱乐部所在的社区,不能经常到现场直接感受比赛气氛,他们更喜欢通过广播、电视和网络等形式观看俱乐部的比赛。

四、　闲逛型球迷

这一类球迷主要通过新媒体、电视网络等形式体验成为球迷的感觉,但他们很少购买俱乐部相关产品,也极少到现场观看俱乐部的比赛。他们通常会受到俱乐部现实能力水平的影响,不但会在两个死对头俱乐部之间转变支持的态度,还会选择其他的娱乐休闲项目。一般情况下,他们主要是按照俱乐部的战绩作为支持的标准。

闲逛型球迷与临时型球迷十分相似,他们只是对某些特定的比赛感兴趣，也许会在某一特定的赛季或者锦标赛时对某支俱乐部或者某个球员十分关注，但是过了这段时间，他们就不再对该俱乐部和球员感兴趣了，而且还会选择新的替代品作为其休闲娱乐的方式。

本章小结：球迷对于俱乐部的忠诚是一个参与—吸引—归属—忠诚的情感参与过程，其内容主要包括态度忠诚和行为忠诚。职业体育俱乐部应该增强与球迷之间的互动联系，特别是青少年球迷的情感培育是保持球迷对于俱乐部忠诚的有效途径。

此外，结合上述研究本章从职业体育球迷消费行为和球迷忠诚两个维度，对职业体育球迷市场进行细分，进一步总结出球迷群体可以分为拥护型球迷、追随型球迷、媒体型球迷和闲逛型球迷四类。

第7章 中国职业联赛球迷满意度分析

第一节 球迷偏爱的职业体育比赛类型

职业体育联盟对联赛的包装只是吸引球迷关注的噱头，真正能够打动球迷心灵的仍旧是精彩激烈的比赛。绝大部分球迷都不能对联赛的每一场比赛保持专注，但是他们会对赛季中的某些比赛表现出格外的热情。本节通过问卷的方式对中国球迷偏爱的比赛类型进行了调查，结果显示：球迷偏爱的比赛类型主要包括争夺冠军的比赛、同城德比和与国际高水平俱乐部的比赛，而俱乐部保级的比赛却很少有人感兴趣，其原因主要归结于球迷与俱乐部之间还没有形成深厚的情感。（如图7-1 所示）

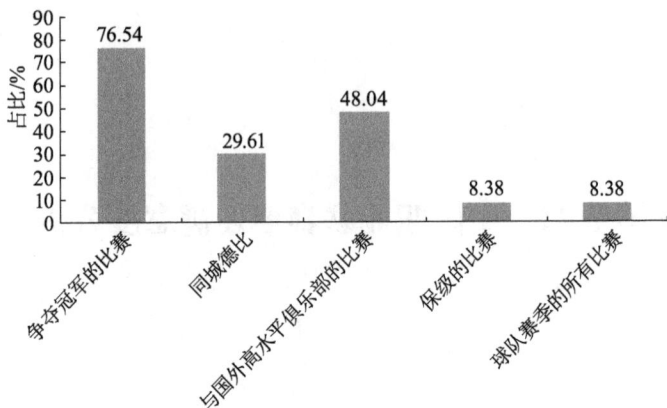

图 7-1　消费行为和归属感双维度的球迷分类图

一、争夺冠军的比赛

人类具有竞争的本能，而竞争的首要欲望就是胜人一筹、争第一，最终能够得到他人的尊敬，此外人们还可以通过竞争增加个人或群体的权力。对于竞技体育而言，最残酷也最引人注目的比赛就是最后的"强者之战"，球迷关注整个赛季的比赛无非是希望自己支持的俱乐部能拿到冠军。所有职业体育联盟的赛制安排都是为了能够选出一个货真价实的总冠军。

以 2013 年欧洲冠军联赛决赛为例，其播出范围超过了 200个国家和地区，全球的平均观众人数为 1.5 亿人，间接覆盖的观众数达到 3.6 亿人。在德国，这场决赛成为 2013 年至今第一收视率的节目，平均观众人数达到 2250 万人，高峰时段达到 2378万人。此外，这场决赛的社交网络关注度也相当之高。在决赛当晚的 3 个半小时内（比赛前 90 分钟一直到赛后 30 分钟），共有480 万条相关推特被发布。终场哨响后是球迷发推特的高峰，那一时段每分钟推特发布量高达 11 万条①。

二、 同城德比大战

除了冠军争夺战之外，同城德比大战也是球迷们非常喜欢的比赛。德比（Derby）一词是源自 1780 年由第 12 任德比伯爵创办的德比赛马。"德比"是英国小城德比郡，那里是英国赛马比赛的举办地，德比郡出产的赛马更是闻名英国赛马界。1870 年，英国的德比伯爵创立英国大赛马会后，每年六月的第一个星期三都会在伦敦附近的 Epsom 举行赛马比赛，这天也被命名为 Derby Day。在赛马比赛中参赛马大都来自德比郡，所以"德比大战"被用来形容来自德比郡的马之间的强强对决。

所谓同城德比是指一个职业联盟内的同一个城市两支俱乐部之间的比赛。因为同处一个城市，彼此会拥有更多的球迷和关注度，所以同城的两支球队的比赛竞争格外激烈。近些年来，德比战的含义又有延伸，也用来形容来自不同地区实力强劲的传统强队、甚至国家队之间的比赛。

中国职业体育联赛发展近 20 年，在足球领域也出现了著名的德比——"京津德比"。在两支俱乐部的看台上，双方球迷之间的情绪对立已经超出了各为其主的竞争范围，演变为城市间的对立，越来越多的体育之外的因素被带进了足球场。北京天津德比可以追溯到"甲 A"年代，其愈演愈烈的主要原因包括：首先是北京和天津距离比较近，而且交通十分便捷，为球迷异地观赛创造了条件，从 1994 年至今，北京和天津几乎一直在同一级别的联赛中，相遇的机会很多，双方球迷之间的交流也是最多的；

---

① 欧冠决赛成为世界收视率第一的年度赛事，http：// news. xinhuanet. com/ sports/2013 –05/29/c _124777807. htm.

其次德比战是需要有历史渊源的，早在职业联赛以前，还是赛会制的时候，北京和天津的对抗就开始了，只要是北京和天津的比赛必定是一年联赛中上座率最高的比赛，同时球迷在看台上对抗随着俱乐部之间的对抗也越发地激烈；此外，网络媒体的介入也加速了双方球迷之间的信息交流，球迷们经常通过各式各样的球迷论坛展开"唇枪舌战"，升华了比赛气氛，进而提高了比赛的激烈程度。

三、 与国外高水平俱乐部的比赛

职业体育联盟虽在本国内呈垄断态势，但是与其他联盟之间却是市场上的竞争关系，这种竞争强度随着电视转播、新闻媒体的介入变得越发激烈。对中国球迷来说，最先欣赏到的职业体育比赛不是国内中超联赛和 CBA 联赛，而是通过中央电视台转播的国外职业联赛（1989 年开始转播意大利足球甲级联赛，1994年开始转播 NBA 总决赛），从那时起球迷开始认识并喜欢上了欧洲俱乐部和联赛内技艺超群的运动员，诸如米兰王朝的荷兰"三剑客"、国米时代的"三驾马车"、公牛王朝的"飞人"乔丹。中国的球迷渴望到现场参与职业联赛，直到 1994 年当时正处于巅峰期的意甲劲旅桑普多利亚队在北京工人体育场与中国国家队的对决，开启了国外高水平俱乐部到中国进行商业比赛的先河，点燃了其后几年商业比赛频繁登陆中国的热情。而后的"皇马中国行""NBA 中国赛"都创造了极大的商业价值，足以证明中国球迷对于此类比赛的关注。

第二节　球迷对于中国职业体育联赛的满意度

如图 7-2 所示，本文对中国球迷对国内职业联赛质量满意程度以问卷的方式进行了摸底，调查内容主要涵盖球场质量、联赛安保、比赛时的赛场服务、联赛组织、联赛赛制和电视转播质量6个方面，并将每个方面的满意程度划分为5个等级，分别为：1. 非常满意；2. 比较满意；3. 一般满意；4. 不太满意；5. 一点不满意。在问卷结果分析时，将其分别赋值5、4、3、2、1。调查表明，6个方面的得分均值均在3.2分以下，球场服务质量的得分最低，而球迷们比较认可的是联赛安保状况。不可否认，中国球迷对于国内职业体育联赛的满意程度仍然较低，特别是20世纪90年代以后国外高水平联赛介入，使得球迷观感反差更大。从CCTV5每周对职业体育比赛转播情况了解到，国外的职业体育比赛占整个转播节目总数的31%，国内职业联赛的转播仅占17%，足以证明中国球迷对国外高水平联赛的需求程度。

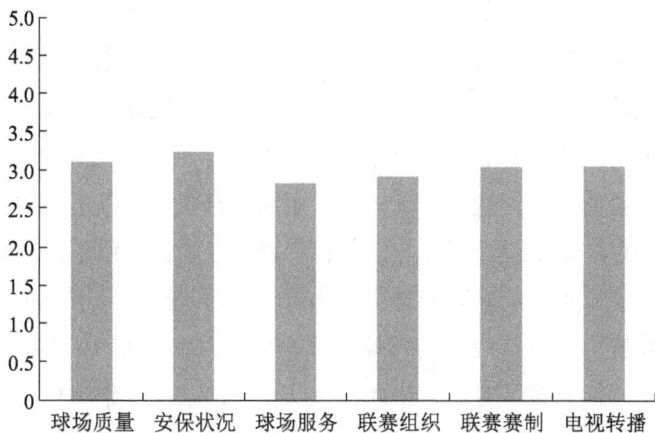

图7-2 球迷对中国职业体育联赛满意度调查表

笔者通过问卷中开放问题关于中国职业联赛的期望调查的搜集整理得出，球迷重点关注的联赛问题主要包括裁判、青少年培养、业余体育和职业体育经营管理四大类的问题。

裁判问题：球迷认为裁判问题严重制约了中国职业体育联赛的发展。中国职业联赛（包括中超和 CBA）的裁判水平参差不齐，以中国职业篮球为例，截止到 2014 年中国篮协有 R 级裁判（即主裁判）14 人，U1 级裁判（即第一助理裁判）29 人，U2 级大约 30 人。从规模来看，这不到 80 人的裁判员队伍实在单薄，且大部分为年轻裁判，由于经验缺失导致在比赛中错判、漏判、改判的现象时有发生。

业余体育：球迷除了关注高水平职业联赛之外，在余暇时间中还会亲身参与到体育运动中，球迷希望在社区建 2~5 个不分大小的体育活动场地，能够参与各种水平等级的比赛。

青少年培养：球迷希望联赛除了可以提供娱乐以外，还应该对青少年有积极的带动作用，比如团结、进取等社会正能量的传播，而不是更多的负面新闻；职业联赛应该更加贴近百姓生活，加强俱乐部与球迷之间的交互活动；职业体育可以创造不同以于往体制的选材模式；向国外先进模式学习特别是近邻日韩更有借鉴价值，应将重心放在校园足球建设中。

职业体育经营管理：球迷期望职业体育联盟可以更针对体育本身内在规律来设计联赛与宣传；中国职业联赛的俱乐部名称要持久；应有更多的球队能够实力相近，这样才能提升所有俱乐部的整体实力；改造中国足球球队的布局，目前中超 16 支球队基本合适，但分布不合理，中西部球队较少，东部过于集中，赛程安排不够紧凑，赛程调整随意性强；职业体育球迷群体与球队联系不紧密，队员个人职业素质有待提高，参与的公益活动较少，对低级别联赛关注度不够；还有球迷认为目前的"职业联赛"还不是真正意义的职业联赛，需要完善联赛顶层设计（与校园足球、业余足球有机对接等），真正创造能够挖掘后备人才的选材机制。

中国不乏铁杆球迷，但是他们主要的支持对象是国外的联赛俱乐部，NBA 的中国球迷甚至相当于美国总人口。德国著名体育调查公司 SPORT + MARKT 在 2011 年透露，英超联赛是全球足球迷最感兴趣的赛事。该公司研究的数据显示，英格兰各级别足球联赛吸引了超过 14.6 亿球迷的关注，英超联赛收视率达到了惊人的 47 亿人次，每场观众人数达到 1230 万（英超全年有 380 场比赛）。该公司还指出有 51.8% 的观众（24.24 亿）收看了曼联的比赛，曼联的每场比赛观众都达到了 6400 万。

综上所述，国外高水平联赛之所以受到全世界球迷的青睐，归根到底是因为：球迷喜欢竞争激烈、有悬念的比赛，有超级运动员参与、并能获得更好体验的比赛。对于职业体育联盟而言如何提高联赛的竞争性是重中之重。

第三节　提高球迷满意度的路径

一、　保持职业体育联盟内俱乐部之间实力的竞争平衡

（一）竞争平衡理论的解析

1. 竞争平衡理论的背景分析

所有球迷都拥有对比赛结果不确定性的偏爱，因此有悬念的比赛一直是球迷参与其中的重要期待。显而易见，球迷不会对一个业余球队与一个专业球队之间的比赛感兴趣，原因在于两个对手实力差距的悬殊，过程与结果都没有悬念。20 世纪中期，美国的体育经济学者开始关注职业体育领域，并得出一致结论：按照职业体育的特点，市场因素的自由操作应使各俱乐部之间保持

实力均衡，职业体育联赛的竞争机制不但不会使俱乐部之间通过竞争"两败俱伤"，而且会让各俱乐部之间产生相互依存的关系，从而防止一些财大气粗的俱乐部囤积优秀运动员，使冠军争夺过早地失去悬念，进而影响整个联盟的价值。

对于职业体育经济学领域的研究而言，最初的三篇论著对今后职业体育竞争平衡有着非同一般的影响，即罗滕博格的《棒球运动员的劳务市场》、尼尔的《职业运动的特殊经济学》和斯罗尔尼的《职业足球经济学：追求利益最大化的足球俱乐部》①。

罗滕博格是最早开始研究职业体育团队项目经济学的学者，他以美国棒球联盟（MLB）作为研究对象，以比赛结果不确定性为研究的逻辑起点，对棒球联盟中运动员合同中的保留条款深入分析，得出结论：联盟对于各俱乐部的收入分配、球员薪金供给和大城市俱乐部的特殊照顾是维持竞争平衡、保证球迷参与的制度保证。

尼尔对职业体育研究的贡献在于：厘清了职业体育领域的竞争与企业之间经济竞争存在的本质区别，即球队之间必须通过合作为球迷提供联赛产品，也就是共同产品。但他同时指出，不同运动项目间、联盟之间的竞争却是类似于"肉搏战"的直接竞争，因为他们面对的是同一个目标市场，为后来基于国家、地区、季节、社会等级方面的全球职业体育竞赛体系的形成提供了理论基础。

与前两位美国学者不同的是，斯罗尔尼的主要研究重点在于欧洲职业足球，他认为欧洲足球俱乐部的经营理念与美国职业体育联盟有着本质区别，后者主要是实现利润最大化，而欧洲足球

---

① 史蒂芬·多布森：《足球经济》，北京：机械工业出版社，2004年，第2~8页。

俱乐部不仅关注利润，还关注俱乐部安全、上座率和收入等效用指标，同时设定了联盟健康状态的评价公式：

$$U = u \ (P, \ A, \ X, \ \pi_R - \pi_0 - T) \ 当 \ \pi_R \geqslant \pi_0 + T \ 时$$

其中 P = 比赛获胜，A = 平均上座率，X = 俱乐部健康状况，π_R = 账面上的利润，π_0 = 税后能获得的最小利润，T = 税款。

综上所述，学术界对于竞争平衡的研究假设是比赛结果的不确定性对上座率有直接影响。值得一提的是：无论是关于竞争平衡的理论研究还是实证研究，均是以联盟和俱乐部的盈利为出发点，大量的研究只是将球队的实力和不确定性作为参考因素进行分析。真正从职业体育球迷需求角度出发的研究还不是很多，因此在竞争平衡的研究中加入球迷需求的分析将是今后研究的发展趋势。

2. 竞争平衡对于职业体育的重要性

竞争平衡的价值取决于球迷对于比赛结果不确定性的偏爱，竞争平衡的缺乏将会降低结果不确定性的程度。无论是职业体育投资人还是球迷都渴望每一个运转良好的俱乐部在每个赛季都有进军季后赛、甚至夺冠的机会。美国职业棒球联盟早在 2001 年对球迷的一项调查中显示，如果有更多的球队不能取得比赛胜利的话，42% 的球迷将对比赛失去兴趣。

经济学理论认为利润最大化的球队将会积累更多的禀赋（天才运动员）直到边际收入等于边际成本。由于每个球队的边际收入是不同的，因此缺乏竞争平衡将会影响整个联盟的总利润。

3. 职业体育领域中竞争平衡理论的主要特质

竞争平衡理论是围绕简单的联盟系统而建立的。简单的系统被定义为一个封闭系统，比赛结果只有输和赢（没有平局），赛程是循环赛，只有冠军才有奖励。职业体育联盟的结构是单一的，也就意味着联盟的经济价值取决于一个赛季的所有比赛。

目前学术界对于竞争平衡研究的基本趋势是在传统竞争平衡分析模型下加入球迷动机和球迷兴趣等社会心理变量的考量。Sanderson 和 Siegfried 认为当球迷越来越对职业体育比赛附属产品感兴趣的时候，例如在豪华包厢观赛的新体验、赛场中啦啦队员表演、中场休息俱乐部运动员或者吉祥物与球迷的互动活动等，联盟的竞争平衡程度高低就将变得不那么重要。同时，当体育赛事变得更加宏大并超出体育比赛本身的时候，竞争平衡的重要性也将会降低，例如中国足球在职业化初期由于人们对于足球的期望已经超出了比赛本身，虽然当时各个球队之间的实力不均衡，但球市依然火爆。

此外，竞争平衡理论更加关注联赛赛制对于联盟竞争平衡程度的影响。首先，有很多职业比赛如足球的比赛结果不仅仅是输和赢，很多比赛是平局，例如二战后意甲联赛的比赛有 30% 是平局。欧洲足球目前采用新的比赛积分方式即 3 - 1 - 0，赢球积分是平局的 3 倍，而以前的积分方式是 2 - 1 - 0；其次，赛制是基于联盟结构进行设置；第三，许多联赛不只是通过常规赛的表现决定季后赛的资格。北美四大联盟是依靠季后赛进行赛程设置的，而在欧洲，由欧足联来安排的国家之间的俱乐部联赛不仅依靠国内常规联赛的表现，还依赖于在次级别联赛的表现（英足总杯）。第四，很多职业体育联盟不是封闭的联盟，例如欧洲体育团队项目联盟是由各个级别层次的联赛组成，俱乐部根据每个赛季的成绩升降级。

其实，职业联盟如此耗费精力设置复杂联赛赛制的主要目的是提高重要比赛的质量和数量，最大限度激发球迷兴趣。这种意义不仅包括哪支俱乐部最终获得冠军，还包括联盟中每个俱乐部每年都具备进军季后赛的可能。除此之外，球迷对于联赛的关注不仅取决于竞争平衡的一般水平，还依赖于联赛的整体竞争强度，需要加强能反映赛季中不同奖励中球队竞争的评价标准。

（二）球迷对比赛结果不确定性偏好的心理学探讨

比赛结果的不确定性是体育比赛区别于其他文化活动而独具魅力之处。比赛结果的不确定性不仅增加了竞赛的公平性和竞争性，同时为比赛设置了偶然性和悬念。从心理学的角度分析，比赛有悬念才能吸引观众的注意并保持观众对于比赛持久的关注。如果说比赛结果的不确定是单场比赛大悬念的话，能最终达到大悬念的是一个个小悬念，根据球迷的观赛需求，过程中各种各样的小悬念和比赛节奏的变化是球迷所期望体验的。比赛结果的不确定性是让所有体育赛事充满生机的源泉；没有不确定和竞争的因素，体育比赛就会退化为毫无激情的表演。

通常情况下，球迷都会特别关注实力相当的球队之间的比赛，不仅是因为结果未知，其过程也扣人心弦。如果结果的不确定性程度较低则球迷的注意力就会很难集中，甚至会注意力流散。相对于大悬念而言，比赛发展的各种各样的小悬念才是球迷要真实面对的，理想的比赛进程应该是每件事、每个场面、每次碰撞、每个动作都有新的问题提出并解决，环环相扣，直至比赛最后大悬念谜底揭开。

所有的球迷都不喜欢观看单调乏味的比赛，任何一场缺少激情的比赛都会使球迷丧失对于比赛的注意力，甚至会提前退场。职业体育比赛要想保持球迷高度的关注力同时还应注意对比赛情节发展的节奏和速度的变化的把握，比赛节奏快慢的调节、比分交替领先的变换、穿插的各种表演、裁判的关键判罚，甚至运动员之间的冲突对于保持观众的注意力都具有重大意义。

（三）中国职业联赛竞争平衡冠军集中度评价

学术界通常运用在一段时期内联盟中各俱乐部赢得冠军的百分比来评价联盟的竞争平衡程度，其中包括在产业经济学中用于测量产业集中度的洛伦茨曲线法和 HHI 指数法。此外还有运用联盟 10 年内不同的球队赢得冠军的数量的评价标准来解释一段时期内俱乐部获得冠军的机会，即如果 10 年内每个赛季的冠军被一支球队所垄断，那么其联赛竞争平衡度即为 0.1，如果 10 年内联赛每个赛季的冠军被 10 支不同的球队获得那么其联赛的竞争平衡度即为 1，得分越高证明联盟内竞争平衡程度越高。与其他方法相比，这种方法可以比较直观地对联赛每十年的发展进行纵向比较，而且由于中国的职业联赛俱乐部数量、赛程设置、联赛管理体制等各个方面仍处于反复试错阶段，这种方法对于中国体育联赛的竞争平衡评价更为合适。

以中国职业篮球为例，中国职业篮球联赛成立仅 20 多年，只产生了 4 个冠军队伍，即八一、上海、广东和北京，进入总决赛的队伍只有 7 支。尽管增加了外援数量和对联赛排名靠后的俱乐部通过增加一个亚洲外援名额以缩小与强队之间的差距，但还是没有改变竞争平衡程度较低的局面。

CBA 联赛经历的几次高潮与新兴俱乐部的出现打破原有球队垄断格局密切相关，例如姚明率领上海队夺冠改变八一队在职业联赛初期对于冠军的垄断及 2012 年北京首钢夺冠打破广东宏远对联赛 8 年 7 冠的统治。再加上北京、上海的国际号召力，使 CBA 的影响达到了新的高度。上海和北京的夺冠的意义对于 CBA 联赛而言绝不仅仅是看作新生力量的崛起那么简单，而是推动了整个联赛总体价值的提升。北京首钢队在获得冠军之后，主场上座率明显提升，据统计，常规赛季一共有 91000 名球迷现场观战，在 17 支球队中排名第一，上座率高达 94.7%，排名第四。到了季后赛，更是将主场迁至硬件标准更高的万事达中心国家篮球馆，8 场比赛一共有 84000 名球迷进场观看，上座率达到 100%；表 7-1 是 CBA 1995 年至 2013 年历届总冠军和总决赛对阵表。

表 7-1　CBA 历届总冠军和总决赛对阵表

年份	冠军	比分	亚军
1995—1996 赛季	八一	2 - 0	广东
1996—1997 赛季	八一	2 - 0	辽宁
1997—1998 赛季	八一	3 - 0	辽宁
1998—1999 赛季	八一	3 - 0	辽宁
1999—2000 赛季	八一	3 - 0	上海
2000—2001 赛季	八一	3 - 1	上海
2001—2002 赛季	上海	3 - 1	八一
2002—2003 赛季	八一	3 - 1	广东
2003—2004 赛季	广东	3 - 1	八一
2004—2005 赛季	广东	3 - 2	江苏
2005—2006 赛季	广东	4 - 1	八一
2006—2007 赛季	八一	4 - 1	广东
2007—2008 赛季	广东	4 - 1	辽宁
2008—2009 赛季	广东	4 - 1	新疆
2009—2010 赛季	广东	4 - 1	新疆
2010—2011 赛季	广东	4 - 2	新疆
2011—2012 赛季	北京	4 - 1	广东
2012—2013 赛季	广东	4 - 0	山东

按照冠军集中度的计算方法以 10 年为一个研究区间对 CBA
联赛进行计算得出前 10 年的冠军集中度为 0.3，进入总决赛的俱
乐部数量为 4 支；后 10 年的冠军集中度为 0.4，进入总决赛的俱
乐部数量为 6 支，NBA 近 10 个赛季（2004—2013）的冠军集中
度为 0.5，进入决赛的队伍是 8 支。在美国人气更高的美国职业
棒球联盟 1996—2005 年的冠军集中度为 0.7，1985—1995 年
（1994 年球员罢工停赛）的冠军集中度为 0.8。

造成 CBA 联赛冠军集中度低的主要原因是优秀球员过于集
中于少数几支俱乐部，中国篮球运动员资源缺乏造成无高水平球
员可供俱乐部挑选，这个因素直接导致 CBA 各个俱乐部之间的
实力差距过于悬殊，联赛过早的失去悬念很难让球迷将注意力保
持到最后，球迷选择关注国外高水平联赛完全是理性之选。

（四）提高中国职业联赛竞争平衡度的路径分析

职业联赛竞争平衡的重点是天才运动员在俱乐部之间的合理
分布，但前提是联盟要储备丰富的运动员资源。西方职业体育联
盟依靠转会制度、选秀制度、工资封顶制度、分享收益制度等来
保证俱乐部之间的实力均衡，但同时要保证有充足的天才新秀供
每家俱乐部选择。俱乐部通过选秀使自身实力得到提高的同时，
还缩小了俱乐部之间的实力差距，既维护了竞争平衡又保持了联
盟中的竞争强度。因此，对于一个联盟来说，吸引足够多的天才
运动员加盟是保证联赛质量的根本。

美国体育建立了完善的人才培养系统，加强对运动员的培
养：为了扩大篮球后备人才，美国社会形成了从学龄儿童、中小
学学生到大学生的一系列篮球人才培养体系；完善教练员选拔和
培养体系，为提高运动员的战术水平提供高质量的师资；为提高
运动员的技能水平和延长运动员的运动寿命，每个俱乐部都配备

了专职的体能训练师、营养师及康复训练师，有效地保证运动员参加高强度的训练和比赛，维持较高的运动技术水平；制定了薪金封顶制度，在不挫伤优秀球员积极性的同时，也激励普通球员积极训练，提高竞技能力；实行球衣退役制度、建立篮球名人堂，设立最佳新秀、赛季 MVP、最佳投手、得分王等奖项，激发球员的敬业精神和其维护 NBA 联盟荣誉的意愿；建立劳资双方的对话机制，共同协商球员的利益，保障 NBA 联盟的正常运作；采用选秀制度，为普通球员特别是年轻球员提供锻炼的机会，努力均衡了各个俱乐部的实力，提高了比赛的对抗性和联盟的稳定。

笔者认为，目前中国职业体育尤其是集体球类项目所面临的突出问题就是后继乏人，其主要根源在于青少年运动培养不力。通过仔细查看当今国际大牌体育运动员的履历，不难看出几乎每个人的运动启蒙都是在出生地的体育俱乐部完成的。他们大多数都曾在幼儿时期就被家人、朋友带到球队的主场看球，在社区训练比赛，最终成为职业体育运动员。

在中国，运动员培养体系可以简称为"3 级训练网"，专业运动员从业余体校、重点体校、省青年队、省队、国家队逐渐升级。对于职业体育开展比较成功的集体球类项目来说，通过这套系统培养运动员与大部分个人项目相比就变得投资多、见效慢，很多省市将培养的重点都集中到能够在奥运会夺金的运动项目中，从而造成了集体球类项目后继乏人。与中国相比，澳大利亚正是通过改变运动员培养方式在 10 年内实现了崛起，以篮球为例，在 20 世纪 90 年代中期，澳大利亚女篮与中国女篮的实力差距是 30 分左右，澳大利亚篮协制订了"全国青少年振兴计划"，吸引澳大利亚全社会的资源参与青少年的培养，到了 2000 年之后其实力已经远远超过中国女篮。

根据运动训练理论，对于儿童的体育专项训练从 12 岁开始即可，但是要有计划的培养，不能一味地追求参加锦标赛，应该更加注重培养意识和兴趣。而从我国的体校培养体系来看，各层都要成绩，每一层都对运动员过度使用和开发。同时，由于每一层都会淘汰一大批运动员，还造成了高水平运动员退役安置问题。

二、 合理制定职业联赛赛制

如何能最大化地满足球迷的审美需求是衡量联赛产品质量的重要标准，职业体育联赛的产品设计、制度安排和价值观念应围绕球迷审美需求而展开。由于职业体育具有时间延续性的特点，因此其审美注意力的保持就必须依靠情节的结构。如果这种结构是以故事的方式出现的，那么保持注意力的有效秘方就是情节安排。情节，是观众延续审美注意力的河床，是保持观众注意力的纽带，职业体育联赛的情节主要依靠赛程设置来体现。

（一）职业体育联赛赛制的重要性

根据职业体育产业经营模式的分析，球迷是职业体育的目标市场，球迷基础是决定职业体育盈利的关键，有了雄厚的球迷基础，尤其是忠诚的球迷毫无疑问会带来职业体育联盟的快速发展。职业体育联赛产品是职业体育的核心产品，一个赛季从开始到结束的比赛是职业体育联盟的一个完整产品，它的产品质量与赛程编排关系密切。

赛制是比赛的规则和具体的安排，如循环赛制、主客场赛制。职业体育联赛的赛制是职业体育联盟内所有俱乐部在一定时间内按照既定的规则相互比赛，联赛的赛制一般是以主客场赛制为主，即按照比赛轮数进行比赛，每轮比赛都有一个固定的时间。职业体育联赛赛制类似于一种球队之间的约定。赛制是球队之间公平的参照，一般情况下赛制不会安排某个俱乐部连续客场比赛，因为连续的客场不仅会影响运动员的竞技状态，还会增加俱乐部用于路程上的开支，因此俱乐部的赛季状态尤其是常规赛的表现与赛程安排息息相关，同样也会影响联赛产品的质量。

职业足球联赛之所以能吸引更多的球迷参与其中，其赛程设置起到了至关重要的作用。日本 J 联赛的改制经历了 3 个阶段，基本上每个阶段都与当时日本足球的发展有很大的关联。1993 到 2004 年（除 1996 年）间 J 联赛每个赛季都分两个循环进行，总冠军由两个循环的冠军进行主客场两回合比赛决出。从 2005 年开始，为了营造各个球队公平竞争冠军的环境，J 联赛开始实施单阶段赛制。这次赛制的改变主要为了改变日趋疲软的 J 联赛，争取让更多的球迷能够关注日本本土的足球联赛品牌，对于 J 联赛的管理者看来，J 联赛已经到了危急存亡之秋的转折点。2013 年 9 月 17 日，日本 J 联盟理事会决定，J 联赛将从 2015 赛季再次进行改制：赛季将分为前后两个阶段，第一阶段的冠军与第二阶段的第二名进行比赛，第二阶段的冠军与第一阶段的第二名进行比赛，两场比赛的胜者进行对决，获胜的球队再与两个阶段合计积分最高的球队进行决赛，决出最终的总冠军。如果有球队重复出现，则再通过其他办法决出总冠军，这与 2020 年日本足协提出要在本土夺得男女足奥运会冠军的目标有关，要想取得更好的成绩就必要花大量资金投入青训，J 联盟预计改制后转播费、赞助费、门票收入将增加 10 亿日元，这些收入将用到青训和如何增加现场观众人数中，使足球环境形成良性循环，通过赛制的改革最终使日本足球继续成长。

当然中国职业联赛的赛制也不是一成不变的，以 CBA 为例，经历了两次南北分区，取消升降级等赛制变迁。每逢奥运年为保证国家队的集训，CBA 还会临时调整赛制，压缩联赛时间。这些赛制几乎实施几个赛季就会被废除，"朝令夕改"的做法导致的直接后果就是球迷利益受损害。

（二）职业体育联赛赛制理想模式分析

联赛赛制类似于表演理论中的情节，其安排越是合理就越有悬念，就越能吸引观众，更加具体地说就是能够吸引球迷的注意力。心理学认为，注意并不是一种纯粹独立的心理过程，它还包含着感知、情感、理解等心理活动，或者说，是这些心理活动的共同特征。按照观众对于审美感知的心理发展规律，任何一种思想意蕴、故事情节，只有当它们呈现为类似于物理学上的"张力结构"，才能获得最佳效果①。

球迷不仅关注每场比赛的精彩时刻，更加关心整个赛季俱乐部的走势，联盟如何"迷惑"球迷，为球迷创建真诚的印象，影响球迷感受的能力，主要靠动人的情节，而这种情节幕后的"编剧"便是赛程安排。

NBA 联盟对于每个赛季的赛程设置都会精心安排，且非常注重情节变化。新赛季的比赛一般从 10 月开始，打到 11 月份就进入联赛的第一个高潮，被称作强强对抗周，主要是安排分区内的强队进行比赛，这一周赛事的任务是为下面的比赛做铺垫，主打宣传；进入到 12 月份，被称作是超级周，随着比赛的深入，一些有实力的球队脱颖而出，开始摆脱分区之间的对抗，进入到东西部对抗的模式，东西部之间的超级运动员成了这一个月的焦

---

① 余秋雨：《观众心理学》，武汉：长江文艺出版社，2013 年，第154页。

点，联赛开始逐渐升温，其中包括年度大戏——"圣诞大战"；与此同时从 12 月份第二个星期开始启动全明星票选活动，球迷们参与其中，网上投票，直到 1 月份，把全明星的名单定下来，到 2 月中旬开始全明星比赛，全明星赛是球迷与球员共同欢庆的节日，依托比赛增进球队与球迷之间的情感；全明星赛之后，各个球队开始为季后赛席位展开最后的冲刺，在这期间联赛的排名会随着每轮比赛而发生变化，悬念一直保持到最后。

（三）职业体育联赛赛制安排的主要根据

1. 赛程设计中避免各俱乐部连续遭遇实力强大的对手

每个赛季准确地对俱乐部实力进行评估，避免俱乐部连续遇到实力强劲的球队，也同样要避免强队过早的相遇，将冠军悬念留到最后是赛制安排必须要考虑的几个因素。一般情况下，职业体育联盟会在赛季初期按照实力对俱乐部进行分组，以便更好地安排赛程，当然最理想的是每个球队的实力保持均衡，这样不仅能保证每场比赛的精彩，还会带来整个赛季的情节变化多端、曲折动人。

2. 尽可能减少各俱乐部连续客场的比赛

职业体育联盟赛程安排首先要考虑的原则是合理配置每个俱乐部连续客场的数量。减少俱乐部连续客场的比赛是因为球迷十分不喜欢长时间没有主队的主场比赛，这样就会削弱球迷对于俱乐部的兴趣，部分球迷甚至会选择其他娱乐项目来满足日常休闲的需要，从而导致球迷流失、俱乐部票房收入下降；俱乐部的竞技状态也会因为连续的客场受到影响，运动员会因此感到疲劳，影响球队的排名；一般情况下大多俱乐部的主场战绩优于客场战绩，一旦俱乐部连续客场比赛战绩不佳，会影响赛季剩下的比赛。

3. 保证每个俱乐部赛季行程的最小化

一般情况下，大部分职业联盟的赛制都是循环赛制，即俱乐部之间要进行主客场的比赛，这会对每个职业体育俱乐部的竞技状态造成影响，大部分情况下，联盟赛程安排的主要目的就是为了尽量减少球队的路途奔波距离，长距离的奔波势必影响球队的联赛排名。

例如，NBA 联盟其赛制主要是将球队按照东西部的地理位置划分为两个大区，常规赛中采用主客场制，30 支球队在常规赛赛季共要进行 1230 场比赛，每个球队在常规赛中参加的比赛场次数都是 82 场。同一大区（东、西部大区）且同一分区的球队之间进行两个主场、两个客场，共 4 场的比赛；东西部之间的球队之间进行一个主场、一个客场，共两场的比赛；同一大区不同分区的两支球队间还要进行 2 到 3 场比赛，进而保证各队参加常规赛的总场次是 82 场比赛。赛程设置的一个核心问题就是尽量避免俱乐部连续客场比赛，将连续客场比赛的数量最小化是保证各俱乐部之间竞赛公平的先决条件。有时俱乐部会不可避免地进入连续"客场之旅"，前提是客场之间的距离较近。

三、 提高职业体育联赛的电视转播水平

球迷关注职业联赛的方式有两种，一种是直接到现场观看比赛（直接观众），还有很大一部分球迷是通过媒体来获取联赛的信息（间接观众），其中电视媒体是最重要的方式。正是有了电视转播使得更多的球迷关注职业体育，可以说电视转播为俱乐部所带来的收益是无法想象的。体育比赛的电视转播大体上包含两个部分：一个是比赛画面的呈现，另外一个是评论员的解说，两者交相呼应，缺一不可。例如，南非世界杯比赛的直播机位多达

30 个，其中有超过 16 台摄像机负责细节追踪，包括场边移动式摄像机和高空摄像机，可谓"无缝覆盖"。全球足球直播水平最高的是德甲联赛，每场比赛的直播机位多达 29 个，尤其是慢动作的回放可以使球迷全方位地欣赏职业体育的魅力，而中国足球超级联赛做得最好的是北京电视台，直播机位是 12 台，其他赛区的直播机位维持在 6 台左右，尚处于"平面直播"阶段。

　　除了这些技术性因素缺失之外，体育转播解说的作用也非常重要，观众渴求更好地观看和理解比赛，在电视转播中，观众只要获得一点理解比赛的信息，就会感到非常的愉悦，而电视解说正是保证观众获取比赛信息，保持注意力的重要保障。身为一名体育解说员不仅要懂得技术层面的知识，例如球员和球队的基本信息、联盟的发展历史、著名球员和教练的动态，还要善于运用数据、俱乐部水平分析比赛的走向和趋势，甚至还要对整个国家和国际体育乃至整个社会文化有着深刻的理解。目前中国体育的解说员一般情况下都要解说很多项目的比赛，随着球迷对于职业体育的关注度越来越高，很多球迷对于比赛的理解加深，因此需要更加专业的解说员引领球迷观看比赛，这样才能保证电视转播的质量。

第 8 章　体验经济视角下职业
体育产品体系的构建

　　2015 年 11 月 10 日中央财经领导小组第十一次会议上，习近平总书记提出"供给侧结构性改革"的中国经济改革发展新理念，即在适度扩大总需求的同时，着力加强供给侧结构性改革，着力提高供给体系的质量和效率，增强经济持续增长动力。通过提高产品质量的方式提升消费动力，将是新常态下中国经济未来发展的新思路。

　　职业体育本质是竞赛表演业，其核心是通过职业体育联赛满足球迷和观众的娱乐需要，并以此获利的产业。职业体育持续发展的源泉是以众多忠实的球迷为基础。而球迷的需求历来都不是静态不变的，他们仍然需要职业体育联盟和其他生产者提供包括联赛产品的一系列产品和服务（服务包）。换句话说，球迷除了观看高质量精彩的比赛获取娱乐享受外，仍然需要众多周到的服务来保障球迷的其他需求。例如，很多兴建的新体育场都很注重改善球迷体验的娱乐性价值；各职业俱乐部的网站上都有可以检索的数据，球迷可以了解自己喜欢的球队和球员在做什么，并通过技术手段增强与比赛的互动；成功的球队不仅会在比赛现场吸引球迷蜂拥而至，还会利用电子转播和网络签售等方式获取收益；有很多球队还让球迷在主场观看热身赛或训练赛等非正规赛事。显而易见，球迷对于职业体育的产品质量提出了更高的要求，球迷选择购买联赛和俱乐部的产品是基于他们的真实性感知，他们更加倾向于原创的、真实的、诚挚的、可信的产品和服务。

本章节拟从体验经济的角度出发并结合服务运营开放系统理论，借助服务包理论深入剖析职业体育产品的内涵和外延，详细论证职业体育产品的基本结构和功能，构建职业体育产品体系，为职业体育产业未来发展提供理论依据。

第一节　体验经济视野下职业体育产品的特征

一、　体验经济概述

市场经济初期，企业通过新产品的开发，向顾客提供使用价值。随着经济的发展和消费者的日趋成熟，大部分商品不再稀缺。随着服务经济的日臻完善，消费者对企业提出了更高的要求，顾客不再只满足于获取产品、享受服务，而是要求参与产品的研制与升级。企业只有不断地制造新的用户体验才能创造新的价值，从而更具竞争力。

职业体育也同样经历了这样的发展过程，足球最初出现后的第一个 100 年的时间里，唯一能算得上足球商品、由俱乐部直接生产并针对球迷的就是比赛手册。但是，这种产品也并非专门为吸引支持者而生产，其信息量不大，娱乐性也不强。起初,多数的比赛手册比俱乐部的纪念卡片大不了多少,而且通常是一页。一面是球员的名字一面是介绍比赛的阵型。随着职业体育产业的不断完善和发展,球迷在比赛的质量之外,仍需要周到的服务。

二、 职业体育产品的价值差异

随着企业间竞争的越发激烈,产品商业化程度也越来越高,很多企业通过创造并管理顾客对其产品或企业的体验,以实现其供应品的差异化。并且逐渐意识到消费者真正购买的远不仅仅是单纯的产品和服务——他们购买的是那些商品能够给他们带来的价值,即他们在购买和消费这些产品和服务时所收获的体验。在服务经济发展的过程中,出现了一种新的发展趋势,即消费者越来越渴望消费服务,消费者开始尽力节省花在产品上的钱而购买更有价值的服务体验。对于职业联盟和职业体育俱乐部来说首先应该具备定制化的能力,也就是与球迷建立一对一的合作关系,因为只有这样才能更好地了解并满足球迷的需求;其次,职业体育联盟必须营造真正富有吸引力的球迷体验,争取做到与球迷建立互动关系,获取对自身的深刻认识;最后,职业体育应该利用对每个球迷需求的深刻了解,组织适当的体验组合以引导球迷期望实现的变革,图 8-1 表明了这种历程。

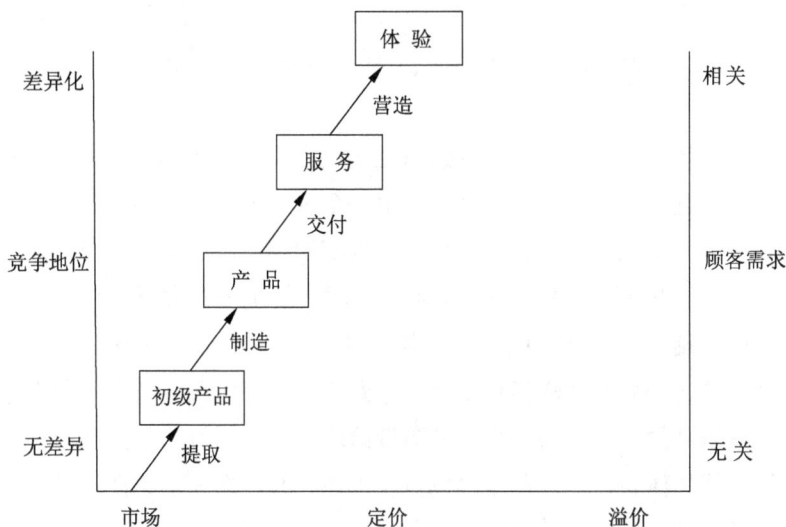

图 8-1　经济价值的递进

以 F1（世界一级方程式赛车）为例，对于车迷而言 F1 不仅仅是一项赛车运动，同时也是一场多感官性、完全参与其中并能带来强烈回忆的特别体验。2006 年，Formula Global Broad Cast 对车迷的调查表明，F1 在 185 个国家有 5.8 亿电视观众，这一现象显然离不开庞大的车迷对于 F1 运动的持久关注与支持。这与 F1 为车迷设计了一系列具有体验性质的服务是息息相关的。例如车迷可以通过官方网站撰写各种传奇的故事，建立车迷之间的联系和互动。F1 专门设置了技术平台为车迷提供比赛实况转播系统，车迷可以很容易地通过该系统直接从赛道上的 F1 技术管理体系收到真正的时间资料，还包括翔实的参赛各队从练习赛、资格赛到真正比赛所有阶段的信息。甚至很多车迷还得到了亲自到世界上水准最高的 F1 赛道驾驶 F1 赛车的体验等。正是因为国际汽车运动联合会为车迷提供了独一无二的体验，才使得 F1 击败了美国的 NASCAR 等赛车运动，成为商业运作最出色的职业赛车运动。F1 的成功足以验证了体验经济实践框架对于职业体育的影响。

表演理论领域的著名专家谢克纳认为表演是各种事件的集中体现，其中大部分都不显著。从第一个观众进入表演场地到最后一个观众离开，这些事件一直都在表演者和观众的互动过程中发生着①。职业体育联赛是在职业体育联盟的统一管理下，按照固定的赛制，俱乐部之间通过比赛的形式展示给球迷和观众的活动。球迷一般会从联赛开始前一直到联赛结束后关注联赛和所支持俱乐部的一举一动，职业联赛带给球迷的是其他艺术活动所不能取代的体验，而这种体验包括娱乐性、教育性和审美性。重要的是这种联赛的体验完全可以引导球迷达到一种"高原体验"的状态——即马斯洛所言的"自我实现"，与一般服务不同的是，参与职业体育体验的球迷可以拥有比记忆持续更久的产出，一种足以超越任何产品、服务或体验本身的产出。

三、 职业体育产品的核心利益分析

产品不仅包括有形产品，如汽车、电脑和手机；广义上讲，产品还包括服务、事件、人员、地点、组织、观念或者上述内容的组合。体验通常是其市场营销的重要组成部分。营销学意义上的产品的结构主要可分为三个层次即核心利益、实体产品（品牌名称、特征、设计、包装和质量水平），以及扩展产品（交付和信用条件、产品支持、担保和售后服务）。（如图 8-2 所示）

---

① Schechner. Performance Theory（New York：Routledge，1988），pp. 72.

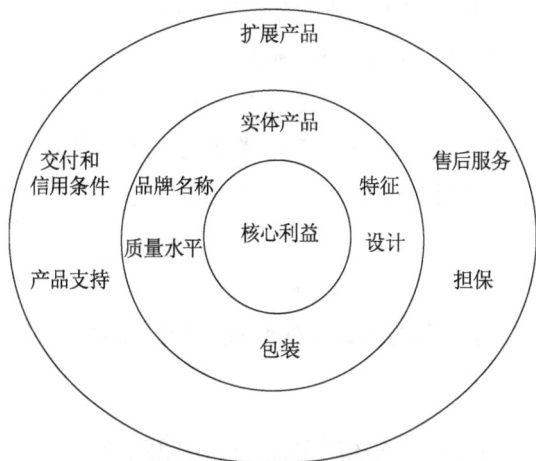

图 8-2　产品的三个层次

产品的核心利益（core benefit）是顾客寻找解决问题的利益或服务，它解决了消费者究竟买什么的问题。职业体育产业其核心利益当属满足球迷和观众的审美享受。职业体育联盟（协会）所有工作重心都是围绕如何能够最大化地满足球迷和观众的观赏需要，使球迷获得独一无二的审美感受来展开。

审美属于人类所特有的心理现象，而球迷的审美是球迷通过观看与体验职业体育比赛而产生的独特的心理反应。因此，只有理解球迷的审美心理机制，职业体育联盟才能更有效地创造出可以打动球迷的产品。在心理美学中，能够被打动的"人心"可以分解为诸多心理机制，例如注意、空间知觉、时间直觉、运动直觉、记忆、联想、情绪和情感等，而在诸多审美心理机制中，"注意"的地位则极为重要。尤其到了信息超载的现代社会，注意力已经成了最为短缺的核心资源，注意力经济则成了具有生产、加工、分配、交换和消费的一种新型经济形态。因此职业体育联赛属于时间延续性表演互动，如何引起职业体育观众的注意，并保证观众持续的全神贯注地观看比赛，职业体育产品必须具备这样的能力才能在市场中生存。

职业体育的核心利益是职业体育赖以生存和发展的基础，即观众的审美享受，其他的产品都是依托核心利益而衍生出来的，其实际产品是职业体育联盟和职业体育俱乐部共同提供的联赛。

第二节　基于服务包理论的职业体育产品分析

一、　案例分析：美国历史上第一场职业篮球赛

1896 年 11 月 7 日，在美国新泽西州特伦顿一座共济会大会场举行了历史上第一场职业篮球赛，对阵的双方是特伦顿 YMCA（YMCA：Young Men's Christian Association 基督教青年会）代表队和布鲁克林 YMCA 代表队，组织者是特伦顿队的队长 Fred Cooper①。这场被大不列颠百科全书认证为世界第一场"职业篮球赛"，其历史意义在于将篮球比赛从作为一个表演性质的娱乐活动转化成了一个由收取薪金的球队与球员为付费观看的观众提供竞赛表演的"职业化"的尝试。然而，这场比赛的观众反馈并不好。首先，从租场地、约球队、售卖门票、赛事宣传等一系列赛事组织活动，几乎都由 Fred Cooper 一人完成；其次，为避免暴力事件的发生，赛场使用了笼子和钢网将观众与球员分开，观众进场后只能隔网观看比赛，同时，在观看比赛过程中还缺乏其他相应的服务；最后，虽然观众必须购买门票才能进场观赛，

---

① 篮球历史 ［EB/OL］. http：// blog. sina. com. cn/s/blog_ 542bdd1a0100058a. html.

但是除去 25 美元的场地租赁费用及参赛球员 15 美元的薪金，作为组织者的 Fred Cooper（共计获得 16 美元的比赛奖励，其中 15 美元是运动员所得）仅仅获得了 1 美元的收益。显然，现今的职业联赛似乎早解决了第一场职业篮球赛所遇到的问题，围绕职业联赛开发的产品和服务越来越多，专业化程度也在不断提升。

二、　关于职业体育服务开放系统的解释

（一）关于职业体育服务开放系统观点的提出

服务管理中强调，对于服务而言，过程就是产品，进一步来说，消费者对服务质量的印象基于整个服务经历。正因为服务的无形性和独特性的特点，就要求必须将服务系统的视野进一步扩大，将服务的提供者与消费者看作一个系统，才能将服务过程转化成具有一定满意程度的产出①。按照服务开放系统的观点，我们可以把消费者看作合伙生产者，让消费者积极参与到服务过程中来，有利于提高生产率，进而改善企业的竞争地位。毫无疑问，职业体育是表演者（运动员）和观众共同营造的文化活动，观众和球迷是最终的买单者，第一场职业篮球赛告诉我们，观众除了观看比赛获得审美享受外，比赛的前前后后仍然需要更多的其他服务来保障其顺利地欣赏比赛。科斯教授在《企业的性质》一文中指出，企业内交易的边际费用是递增的，企业规模的扩张最终会停止在企业内交易的边际费用等于市场交易的边际费用一点上。② 联赛产品由职业体育联盟和各俱乐部合作提供，而其他大部分的服务当职业体育联盟提供服务所需要的组织成本过高的时候，则必然要求助于其他企业组织介入其中，例如特技表演、

---

① 詹姆斯·A. 菲茨西蒙斯：《服务管理》，北京：机械工业出版社，2013 年。
② 盛洪：《现代制度经济学》，北京：北京大学出版社，2003 年。

啦啦队表演，以及安全保卫的服务等都不是俱乐部和联盟所能解决的。因此，当职业联赛内出现更多专业化服务的时候，其实已经构成了职业体育的产业组织形式。

（二）职业体育服务开放系统的构建

一位英国著名的足球记者在《足球史》① 一书中描述了自己的观赛经历：那是 2002—2003 赛季英超联赛托特纳姆热刺队与阿森纳队的伦敦城德比，是双方历史上第 255 次交锋，为了观看这场比赛他首先支付了 950 英镑门票费用，外加 4.5 英镑的管理费，同时在开赛前为了猜第一个进球，下了 1 英镑的赌注；作为资深球迷，他在球场外一个出售《赛程安排手册》的摊位花了 30 英镑买了一份新赛季的宣传册，然后又光顾了热刺队的专卖店，里面有包括衬衫、鞋帽、挂钟、耳环、香槟，甚至空气清新剂在内的印有热刺队标识的上千个品种；当他走到靠近足球场入口处的时候，浏览了出售未经官方许可的各种产品的小摊位，主要销售营造比赛气氛和球迷文化的荧光棒和文化衫；在进场后，他买了 1 份 3 英镑的日程安排表、1.2 英镑的咖啡和 2.5 英镑的小吃。在整个观看比赛的过程中，这位记者共支付了 992.2 英镑，除去门票费用，还有 42.2 英镑的其他消费。从他的观赛经历不难看出，比赛是核心服务，但其他丰富多彩的服务同样不可或缺，这些服务共同构成了职业体育的服务系统，我们可以将一系列的服务看作是职业体育产品的服务包。（如图 8-3 所示）

---

① 亨特·戴维斯：《足球史》，广州：希望出版社，2005 年。

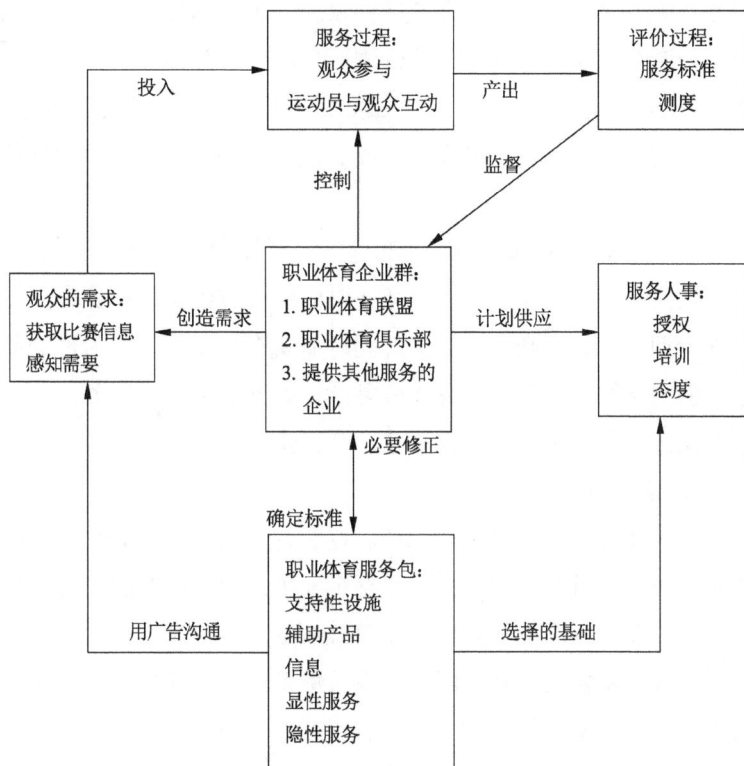

图 8-3　职业体育的服务开放系统

三、　基于服务包理论的职业体育产品体系分析

（一）服务包理论概述

由于服务无形性的特点，为了便于识别产品或服务的特点，美国得克萨斯大学奥斯汀分校的 James A. Fltzsimmons 教授在与其夫人合著的《服务管理：运营、战略和信息技术》中指出，从顾客消费的心理感受和服务实施的角度来看，企业要给消费者提供令其满意的服务不仅要考虑显性服务和隐性服务，还要考虑

服务实施所依托的载体，即支持性设施、辅助物品和信息。这五个部分结合起来构成了服务包。服务包（service package）是指在某种环境下提供的一系列产品和服务的组合，是以支持性措施、辅助产品、信息、显性服务和隐性服务为核心的五大特征所构成的组合。

（二）服务包理论视域下职业体育产品体系的分析

按照服务包理论，职业体育赛事的服务应该是围绕比赛开发的混合型服务，观众观看比赛的同时需要有其他服务作为辅助服务。但由于服务性质和过程十分复杂，因此本文只对服务做一般性的描述，仅列举重要性的服务展开讨论。如图8-4所示。

1. 支持性设施

职业体育支持性设施是保证职业联赛顺利进行而必须到位的物质资源，也就是联赛前前后后整个发生过程所需要的一切物质资源。主要包括职业体育比赛场馆（主要由更衣室、热身馆、场地大屏幕、摄像机、互联网、声像采集系统、新闻中心，以及食品饮料吧台等配置组成）、公共交通设施、停车场等。

2. 辅助性服务（产品）

职业体育的辅助性服务或产品是球迷在观看职业联赛过程中购买和消费的产品，或由球迷自备的物品。主要包括赛程安排表、职业球队宣传册、带有俱乐部标识的服装、用于营造主场气氛的物品等。

3. 比赛所需的信息

这类信息是指为了让观众享受高效的服务，按其具体要求定制的赛事运营数据和信息。主要包括订阅比赛门票、航班、旅店的服务、查询公共交通工具、气象服务及依照观众的GPS定位来派遣出租车的服务等。

4. 显性服务

职业体育的显性服务是观众可以用感官察觉到的和构成服务基础或本质特性的利益。根据观赛主体观看赛事的过程，职业体育的显性服务可以分为赛前服务、赛中服务和赛后服务。

（1）赛前的显性服务

赛前的显性服务包括赛事宣传服务（包括球队球员简介、背景信息、联赛赛程、资格赛练习赛中球员的表现等内容）、体育博彩服务；球迷亲身参与的模拟俱乐部选秀或转会服务。

（2）赛中的显性服务

主要包括赛事现场解说；ball toss（扔小彩球）活动；比赛暂停时段的魔术表演、舞蹈表演、杂技表演及街舞等娱乐表演；比赛进行中的实时数据信息；资深裁判实时讲解有争议的判罚；慢动作即时回放等服务。

（3）赛后的显性服务

主要包括体育广播评论；体育视频集锦；运动项目的相关公益活动；模拟职业体育比赛的电子竞技游戏；俱乐部专卖店售卖的产品（包括官方吉祥物、具有俱乐部标识的体育用品、球迷版的衣服、儿童休闲服饰等）；围绕超级运动员开发的各种产品，包括球星冠名的球衣、球鞋等；职业体育联盟和俱乐部举办的各种训练营、夏令营、培训班及理疗中心等；职业体育联盟和俱乐部开展的社会公益活动及关于职业体育的电影和宣传片等。

5. 隐性服务

显性服务是观众能模糊感到服务带来的精神上的收获，或服务的非本质特性。主要包括安保服务、主场气氛的营造、豪华包厢服务、公共交通服务、停车服务及观众入场和离场的疏导等服务。

借助服务开放系统的视角对西方职业体育产品和服务的研究可以得出，职业体育中的大部分产品和服务非职业体育联盟和俱乐部所能提供，需要众多其他企业参与其中共同创造，其实质构成了职业体育的服务包，如图 8-4 所示。从产业结构角度来看，西方职业体育推动了众多产业的交叉融合。毫无疑问，西方职业体育的繁荣得益于其经济规模和产业链，合理的产业结构不仅产生了巨大的经济财富，还在不断为社会创造大量的就业机会。

图 8-4　职业体育的服务包

第三节　职业体育产品体系的建构

一个国家或地区的职业体育联赛产品要想在全球化市场中存活，就必须将核心利益定位到球迷中，按照人文精神营销的理念，职业体育联盟必须要把球迷当成一个完整的人来对待，而一个完整的人包括：健全的身体，可独立思考和分析的思想，可感知情绪的心灵。现代营销理念已经从情感营销转变到更加注重顾客体验的具有人文精神的营销，因此职业体育产品就更应该从球迷的角度出发，完善原有的产品并开发新产品以满足球迷的精神需求。

通过观看以前的关于职业体育比赛的视频资料得出：以前的比赛场面与现在的比赛场面大不相同，现在有色彩鲜艳的地板、炫目的赛场灯光秀，运动员详细的个人信息资料介绍一览无余。而且，有个性的运动员也越来越多，例如 NBA 赛场噱头十足的丹尼斯·罗德曼，NFL 也出现了善于在比赛中搞怪的特雷尔·欧文斯和各种新闻缠身的奥乔辛科，他们的一举一动都会被媒体曝光，获得球迷的关注。职业体育在赛场内的活动也必须乘新型电视技术带来的家庭观赏体验的东风。此外，流媒体视频技术的发展使得普通场所每日发生的事件也可以展现在人们面前。可以说职业体育联赛给球迷带来的不仅是一次服务更是一次难得的体验过程。

职业体育联赛必须要服务球迷、服务媒体、服务赞助商，职业体育产品设计的核心是详细了解每个球迷的需求及其行为后进行规模化定制，最大限度地减少球迷损失，并带给球迷惊喜、营造悬念和制造回忆。

一、激发惊喜

职业体育联赛目的是能够为球迷营造一个难忘的参与体验，而激发惊喜对于职业体育联盟和职业体育俱乐部来说是最重要的因素。企业主要利用顾客感受值和顾客期望值之间的差距营造顾客的惊喜体验。即

顾客惊喜 = 顾客感受值 - 顾客期望值

职业体育联盟要做的不是简单地（通过提供满足感）实现

期望或（通过降低损失）设定新的期望目标，而是要有意识地去超越这些期望，释放出全新的、出乎球迷意料的体验。但并不是简单的"超过"期望，因为它给人的感觉是在已知的竞争领域做出改善，并不局限于要开发全新的领域来展开竞争，而是真正意义上的营造意料之外的体验。如果没有球迷满意度的提升及顾客损失的下降，就根本谈不上制造惊喜。按照图 8-5 中的 3S 模型理论，职业体育联盟和俱乐部必须超越"我们该怎么做"及"球迷想要什么"的思维模式，而是力争能让球迷"回忆什么"。

图 8-5　3S 模型

例如，球迷到现场观看比赛，尤其是观看国外高水平俱乐部比赛的时候，比赛的过程和胜负对于球迷来说固然重要，但球迷还关注一些期望范围之外的东西，使球迷得到比赛之外的惊喜也是十分必要的。

以前的职业体育比赛由于客观条件的限制，球迷在观看比赛的时候能够掌握的信息很少，仅仅包括比赛比分和比赛时间。而现在为了满足球迷，使其更好地享受比赛带来的乐趣，职业体育联盟联合科技创新开发商通过数据统计，努力为观众提供更为直观生动的观赛体验。数据可以使球迷更能了解比赛，同时还能创造更多的需求。来自 IBM 的分析员马丁古朗曼（Martin Guillaume）表示："IBM 正在推动着新的运动体验和数据分析，通过这些改变，为运动员和体育迷提供一种更生动、新鲜的方式去享受比赛。"早期的数据统计主要针对运动员的科学训练领域，是不对球迷公开的，而且专业性很强，大部分球迷的知识结构还不能完全理解其中的含义。但随着球迷需求的多样化，赛场信息的适时供给已成为了解读比赛的主要依据。众所周知，职业体育给球迷们带来的是一场视听盛宴，视觉上的冲击主要依赖于专业的摄像设备，而听觉上的除了赛场内比赛的声音之外，比赛解说员对于比赛的解说也是球迷解读比赛的主要信息来源，进而引导观众的注意力。除运动员得分、进攻、防守、失误等基本技术指标之外，还有一些例如运动员贡献度、运动员效率、运动员跑动距离等复杂的数据在强大的数据挖掘系统中不断涌现，甚至职业体育俱乐部还把这些数据公开到联盟官方网络里，以此增加球迷对于运动队的迷恋程度。例如在 NBA 的官方网站里有专门的统计页面，球迷可以查到几乎所有球员、球队的信息，为球迷提供了前所未有的用户体验。此外，例如网球的鹰眼系统、NBA 赛场的即时回放系统、足球场上基于磁感应的"进球裁判"系统等，这些技术都给球迷提供了更好的观赏条件。

二、 营造悬念， 制造回忆

按照 3S 模型理论，企业要想真正实现差异化，主要步骤是：提升顾客满意度，然后是消除顾客损失，最后是营造顾客惊喜，完成这三步可以帮助企业提升球迷的观赛体验，如果更进一步的话就是营造悬念。顾客悬念是以顾客惊喜为基础的，即顾客已知的旧惊喜和未知的新惊喜之间的差距：

顾客悬念 = 顾客未知的新惊喜 - 顾客已知的旧惊喜

职业体育经济具有体验经济的特征，职业体育联盟也具备这样的特点，即它们必须制造回忆（而非产品），为实现更高的经济价值（而非提供服务）搭建舞台。显而易见，球迷需要的是体验，它们甚至愿意花费更高的价格感受精彩的体验。

职业体育产生于西方，是工业文明市民社会的产物，是一种既有需求又有供给的经济活动过程，从经济学观点看，一些竞技运动项目独特的观赏性和人们对它的观赏需求是职业体育产生的基本原因。而主导人们这种观赏需求产生和变化的内在动力则是球迷对于职业体育审美享受的需求。职业体育的物质技术、制度建设都是按照球迷的需求建立并发展的。随着时代的进步，职业体育全球化发展，球迷对于职业体育产品了解更深入、要求更高。职业体育联盟也没有停止创新的步伐，几乎每个赛季都会在赛制、比赛规则、制度等方面调整和创新，以迎合球迷的需要。

球迷对于职业体育比赛的观赏需求、运动员的动作技能、球迷氛围甚至家庭旅行都是联盟必须要考虑的，这些因素是联盟改变其产品设计的重要参考因素，联盟能够充分理解球迷的反应和球迷行为，就会在球迷市场中占据有利位置。例如 NBA 的规则从三秒区面积的扩大、限制和缩短进攻时间、进攻和防守三秒违例、三分球规则的设立无一例外不是为了提高比赛的精彩程度和不确定性，以满足观众的观赏需求。

第四节　供给侧结构性改革背景下中国职业体育的未来发展

一、　中国职业体育发展的价值转向

1949 年以来，中国体育一直是在计划经济背景下自上而下

以公共行政力量建构起来的公共服务系统，但到了 20 世纪 80 年代，由于中国社会经济体制变革的变化，出现了一个严重问题即国家财政部门出现了资源紧缺的状况，在体育部门的主要表现是各省市体委开始纷纷取消一些组织成本较高的项目，尤其是一些以足球为代表的"高消耗、低产出"（即运动队组织成本较高，但全运会或省运会中仅有 1 枚金牌的项目）的运动项目。于是为解决一元化的政府投资，国家决定把足球运动当成"试点"，引入市场机制搞职业足球联赛，而中国职业体育成立之初就不是以球迷为中心。

二、　中国职业体育的发展构想

西方职业体育之所以能够成为国民经济重要力量，是因为它提供给观众的是一个产品的服务包，围绕服务包的建立，联盟和俱乐部总能为观众和球迷创造专业的体验和地道的定制化服务，进而在内部出现了分工，分工的过程构成了职业体育的产业链。而以足球、篮球为代表的中国职业体育已发展 20 余年，尚未形成规模经济，从产品和服务的供给角度来看，是因为我们的职业体育服务还不是服务包。几乎每一个赛季的职业联赛我们都会遇到各种各样的问题，从足球转会倒摘牌、假球、黑哨到如今篮球中 CBA "球鞋"事件，中国职业联赛步履维艰。在职业体育全球化竞争的环境下，我们如何能够通过供给方发力，让产品个性化、让服务人性化、把品牌打到国外、深耕本土球迷体育市场，使职业体育成为发展体育产业、促进体育消费的先遣军，尤其值得我们深思。诚然，我们原本借助后发优势模仿国外先进职业体育联盟的做法已不再适合中国职业体育的发展，在职业体育领域出现的问题不能依靠体育行政部门一家解决的背景下，唯有以观众和球迷利益为主流价值地位对职业体育进行制度设计，才能真正摘掉中国职业体育伪职业化的帽子，真正走向职业化之路。

结论与建议

一、 结论

职业体育产生于西方，是工业文明与市民社会的产物，是在现代体育的基础上产生并发展起来的精英体育。是一种既有需求又有供给的经济活动，从经济学观点看，一些竞技运动项目独特的观赏性和人们对它的观赏需求是职业体育产生的基本原因。西方职业体育不断发展、壮大的力量源泉来自于坚实的球迷基础，本书通过对职业体育球迷的消费行为特征和满意度进行分析得出以下结论：

1. 运用 PEST 和迈克尔·波特的五力模型刻画出某一特定的职业体育联盟所处的行业环境，并对职业体育产业的经营管理模式加以研究表明：职业体育联盟之间的竞争是球迷市场的竞争，而职业体育产业利益相关主体例如赞助商和媒体的投资和参与程度都与球迷的数量直接关联。

2. 球迷与观众不仅是职业体育的消费者，还扮演着与职业体育息息相关的其他的重要角色，球迷与观众是维系职业体育俱乐部运转的志愿者，其中有些球迷最终成了职业体育运动员和职业体育俱乐部的投资人。更重要的是球迷也是职业体育产品的生产者之一，运动员要依靠球迷烘托的球场气氛卖力的演出呈现给球迷，球迷对于运动员的喜爱通过声音、动作等反馈给运动员，比赛正是在运动员与观众之间不断地互动衔接中进行。

3. 调查表明, 个体成为球迷的平均年龄一般在 15 周岁左右, 家庭亲人熏陶和对体育运动员的喜爱是个体成为球迷的主要动因。球迷选择所要支持的俱乐部受俱乐部的实力和俱乐部所拥有的球星两大因素的影响, 俱乐部所在的城市、俱乐部颜色和队服, 甚至俱乐部主场的场馆也都影响着球迷对于俱乐部的判断。

4. 本文对职业体育球迷的消费行为特色进行了系统的研究, 调查表明中国职业体育的球迷主要购买的俱乐部产品是球队衣服和有队标识的其他产品, 而球队吉祥物和宣传册则很少有人问津; 从球迷每年参与职业体育活动的支出状况来看, 总花费在 910~2400 元之间, 其主要消费就是球队产品和门票, 值得一提的是球迷在会员费支出上为 0, 由于 90% 以上的球迷都不会跟随俱乐部到客场参加比赛, 对于交通、餐饮的消费所占比例也不大; 电视和网络是球迷获取职业体育相关信息的主渠道; 有 92% 球迷一般不会选择购买一个赛季的套票; 球迷在季前赛和常规赛阶段都会关注自己所热爱的俱乐部, 而到了季后赛阶段一旦自己热爱的球队没进入季后赛或者过早被淘汰, 球迷不会停止对联赛的关注, 而是将视线的焦点转移到争夺冠军的比赛中去。

5. 球迷对于俱乐部的忠诚是一个由参与—吸引—归属—忠诚的情感参与过程, 其内容主要包括态度忠诚和行为忠诚。职业体育俱乐部应该增强与球迷之间的互动联系, 青少年球迷的情感培育是保持球迷对于俱乐部忠诚的有效途径。

6. 本文从职业体育球迷消费行为和球迷忠诚两个维度, 对职业体育球迷市场进行细分, 进一步总结出球迷群体可以分为拥护型球迷、追随型球迷、媒体型球迷和闲逛型球迷四类。

7. 本文通过对中国职业联赛球迷满意程度的研究表明: 球迷除了对联赛安保状况比较认可之外, 其他方面的满意度都不高，球迷希望看到的是竞争激烈、有比赛悬念的、有超级运动员参与的并能获得更好体验的比赛。

8. 运用冠军集中度以 10 个赛季作为一个区间，对 CBA 联赛的 20 个赛季进行测量表明：CBA 的冠军集中度在 0.3 ~ 0.4，而美国职业棒球联盟的冠军集中度在 0.7 ~ 0.8，竞争平衡度差距比较明显。就中国职业体育现状而言，对青少年后备力量的培养是重中之重。

9. 职业联赛赛制类似于表演理论中的情节，其安排越合理越有悬念，就越能保持观众的注意力，而制定合理的赛制需要遵循避免俱乐部连续遭遇实力强大的对手、减少俱乐部的连续客场比赛和每个俱乐部赛季总行程最小化的原则。

10. 按照服务开放系统理论，我们可以把消费者看作合伙生产者。职业体育是表演者（运动员）和观众共同营造的文化活动，观众和球迷是最终的买单者，美国历史上第一场职业篮球赛的经营案例告诉我们，观众除了观看比赛获得审美享受外，比赛的前前后后需要更多的其他服务来保障其顺利地欣赏比赛。根据服务包理论，职业体育赛事的服务应该是围绕比赛开发的混合型服务，主要包括职业联赛的支持性措施、辅助产品、信息、显性服务和隐性服务等五大核心服务。

11. 本文以球迷体验的角度对职业体育产品进行了宏观规划与设计，职业体育产品的核心利益是球迷和观众的审美享受，职业体育联盟应为球迷营造一个难忘的参与体验，而激发惊喜、营造悬念和制造回忆是球迷体验的一般步骤。

二、 建议

1. 笔者认为，中国的职业体育尚未摘掉"伪职业"的帽子。在供给侧结构性改革的背景下，中国职业体育应建立一个以观众和球迷利益为主流价值判断的制度设计，在此基础上才可能像西方职业体育一样不断地创造需求，提供服务包、打造产业链，进而形成国民经济新的增长点。

2. 构建职业体育产业链。职业体育产业应是体育产业中的龙头产业。中国职业体育应该以球迷和观众的需求为核心，创造各种需求并吸引更多的产业参与职业体育，构建产业链，成为体育产业可持续发展的主力军。

3. 转变职业体育发展方式。职业体育必须要具备群众基础，职业体育持续发展，必须注重培育市场，发展壮大球迷的数量。作为一个产品，如果离开了市场，即使产品质量再好，也难以在激烈的竞争环境中生存，更不用说获取商业利润。球迷和观众是职业体育得以生存发展的基础。中国职业体育的价值取向应该还原到球迷和社会本身，并需要按照以球迷为本的社会发展目标重新建构职业体育与竞技体育的互动关系。

参考文献

[1] Laverie, Arnett. Factors affecting fan attendance: The influence of identity salience and satisfaction. Journal of leisure Research,2000,32(2):225 – 246.

[2] Cialdini R B, Border R J, Thorne A, Walker M R, Freeman S, Sloan L R. Basking in the reflected glory: Three (football) field studies. Journal of Personality and Social Psychology, 1976,34:366 – 375.

[3] Lee M Self-esteem and social identity in basketball fans. Journal of Sports Behaviour,1985.

[4] Wann D L, Branscombe N R. Die-hard and fair-weather fans: Effects of identification on BIRGing and CORFing tendencies. Journal of Sport and Social Issues,1990.

[5] Murrell A, Dietz B. Fan support of sports teams: The effect of a common group identity. Journal of Sport and Exercise Psychology,1992.

[6] Wann D L, Tucker K, Schrader M. An exploratory examination

of the factors influencing the origination, continuation and cessation of identification with sports teams. Perceptual and Motor Skills,1996.

[7] End C M, Kretschmar J M, Dietz-Uhler B. College students' perceptions of sports fandom as a social status determinant. International Sports Journal,2004,8(1):114 – 124.

[8] Madrigal R Investigating an evolving leisure experience: Antecedents and consequences of spectator affect during a live sporting event. Journal of Leisure Research,2003,35(1):23 –45.

[9] Backman S J, Crompton J L. Using a loyalty matrix to differentiate between high, spurious, latent and low loyalty participants in two leisure services. Journal of Park and Recreation Administration,1991(9):1 – 17.

[10] Ditton. Recreation specialization: Reconceptualization from a social worlds perspective. Journal of Leisure Research. 1992,24 (1):33 – 51.

[11] Gounaris, Stathakopoulos. Antecedents and consequences of brand loyalty: An empirical study. Journal of Brand Management,2004,11(4):283 – 306.

[12] Iwasaki, Havitz M E. A path analytic model of the relationships between involvement, Psychological Commitment, and Loyalty. Journal of Leisure Research,1998(30):256 – 280.

[13] Wann D L, Tucker K,Schrader M. An exploratory examination of the factors influencing the origination, continuation and cessation of identification with sports teams. Perceptual and Motor Skills,1996(82):995 – 1001.

[14] Friedman. The World is Flat: A brief history of the globalized world in the 21st century. London: penuin group. 2005.

[15] Edgell and Jary. Football: A sociological eulogy. In M. Smith, Leisure and society in Britain. London: 74, 1974.

[16] Gordon. leisure and lives: personal expressivity across the life span, 1976.

[17] Richelieu, Lopez. The internationalisation of a sports team brand: the case of European soccer teams. International Journal of Sports Marketing and Sponsorship, 2008, 10(1): 29 – 44.

[18] Hunt. A conceptual approach to classifying sports fans. Journal of Services Marketing, 1999, 13(6): 439 – 452.

[19] Schechner, Performance Theory. New York: Routledge, 1988: 72.

[20] Kim, Dan J., Yong Il Song, Sviatoslav B. Braynov and H. Raghav Rao. A Multi-dimensional Trust Formation Model in B-to-C E-Commerce: A conceptual Framework and Content Analyses of Academia/Practitioner Perspective[J]. Decision Support Systems, 2005, 2(40): 143 – 165.

[21] 刘志云,高玖灵. 湖北省足球球迷月收入与足球消费关系的初步研究[J]. 武汉体育学院学报,2004,1(38):16 – 17.

[22] 毛志晨. 关于构建职业足球球迷文化的初步研究[D]. 扬州:扬州大学,2006:29 – 33.

[23] 王景波. 足球观众满意度研究[J]. 中国体育科技,2005,6(41):30 – 33.

[24] 郭传鑫. 对体育消费行为中卷入度的探析[J]. 广州体育学院学报,2008,3(28):40 – 42.

［25］郑振友,卢涛.体育观众赛事忠诚度的构成因素及其测量 ［J］.井冈山学院学报,2007,2(28):62－65.

［26］李凌云,陶玉流.CBA赛事球迷忠诚度影响因素及其提升路 径研究［J］.哈尔滨体育学院学报,2011,10(29):63－66.

［27］张斌.提升我国职业体育俱乐部体育迷忠诚度的策略研 究——基于服务利润链模型的分析［J］.运动,2013,11 (77):32－34.

［28］俞爱玲.世界女子篮球联赛绍兴市现场观众特征、赛事期望 与满意度调查［J］.中国体育科技,2007,3(47):31－35,46.

［29］谭涌,李庶品,牛锦山.足球重点城市球迷观赛动机分析研究 ［J］.成都体育学院学报,2007,2(33):60－63.

［30］李大山,苏建军.我国足球信任危机对观众忠诚度的影响研 究［J］.贵州体育科技,2010,9(3):14－17.

［31］杰弗瑞·戈比.你生命中的休闲［M］.云南:云南人民出版 社,2000.

［32］约翰·赫伊津哈.游戏的人［M］.广东:花城出版社,2007.

［33］纪康宝.体育俱乐部市场化运作与现代化管理实务手册 ［M］.吉林:吉林电子出版社,2003.

［34］丛湖平.体育经济学［M］.北京:高等教育出版社,2004.

［35］盛洪.现代制度经济学(上册)［M］.北京:北京大学出版 社,2003.

［36］菲利普·科特勒.营销革命3.0［M］.北京:机械工业出版社, 2019.

［37］余秋雨.观众心理学［M］.武汉:长江文艺出版社,2013.

［38］古斯塔夫·勒庞.乌合之众:大众心理研究［M］.北京:新世 界出版社,2010.

［39］叶敏,等. 消费者行为学［M］. 北京:北京邮电大学出版社,2008.

［40］约瑟夫·派恩. 体验经济［M］. 北京:机械工业出版社,2012.

［41］罗宾斯. 管理学(第9版)［M］. 北京:中国人民大学出版社,2008.

［42］欧冠决赛成为世界收视率第一的年度赛事［EB/OL］. http://news. xinhuanet. com/sports/2013 - 05/29/c_124777807. htm

［43］菲利普·科特勒. 市场营销原理(亚洲版·第2版)［M］. 北京:机械工业出版社,2012.

［44］孙智君. 产业经济学［M］. 武汉:武汉大学出版社,2010.

［45］特德·贝克汉姆. 我的儿子贝克汉姆［M］. 南京:凤凰出版传媒集团,2006.

［46］黄汉升,周登嵩. 体育科研方法导论［M］. 北京:北京体育大学出版社,2008.

［47］卢现祥. 新制度经济学［M］. 北京:北京大学出版社,2007.

［48］张雷. 媒介革命:西方注意力经济学派研究［M］. 北京,中国社会科学出版社,2009.

［49］詹姆斯·H. 吉尔摩. 真实经济:消费者真正渴望的是什么［M］. 北京,中信出版社,2010.

［50］迈克尔·A. 豪格. 社会认同过程［M］. 北京:中国人民出版社,2011.

［51］王莉. 职业体育联盟的产业组织分析［D］. 北京体育大学博士论文,2005. 3.

［52］汪丁丁. 制度创新的一般理论［J］. 经济研究,1992(5):69 - 80.

［53］花勇民,葛艳芳. 论西方体育制度安排［J］. 北京体育大学学

报,2008(6).

[54] 孙忠利.职业竞技体育制度分析框架的推演[J].时政话题,
2006(7):27-29.

[55] 何世权.职业足球联盟制度安排与运行机制研究[J].北京体
育大学学报,2009,32(10):4-7.

[56] 陆元兆.产权残缺与体育产业[J].西安体育学院学报,2000
(3):25-26.

[57] 熊彼特.经济发展理论[M].商务印书馆,1990.

[58] 诺思.经济史中的结构与变迁[M].上海:上海三联书
店,1991.

[59] 袁旦.时代呼唤人文体育价值观和工具理性体育价值观批判
(2)——从一本西方体育学著作说起[J].天津体育学院学
报,2012,27(1):1-10.

[60] 巫宝三.中国经济思想史资料选辑(先秦部分)[M].北京:
中国社会科学出版社,1981.

[61] 钟天朗.上海市民家庭体育消费的现状及对策[J].上海体育
学院学报,2001,25(2).

[62] 史蒂芬·多布森.足球经济[M].北京:机械工业出版
社,2004.

[63] 里斯·豪威.英国足球协会官方指导之俱乐部运营[M].北
京:北京体育大学出版社,2005.

[64] 骆秉权.体育市场营销学[M].北京:人民体育出版社,2008.

[65] 鲍明晓.中国职业体育评述[M].北京:人民体育出版
社,2010.

[66] 张保华,方娅,何文胜,郑建民,赵灵峰.职业体育联盟的企业
性质分析[J].成都体育学院学报,2010,36(1).

[67] 郑芳,杜林颖.欧美职业体育联盟治理模式的比较研究[J].
体育科学,2009,29(9).

[68] 赵长杰.北美职业体育发展的经验及其启示[J].体育学刊,
2009,16(8).

[69] 谭小勇,姜熙.美国职业体育赛事转播反垄断政策考察——
《体育转播法》介评[J].天津体育学院学报,2011,26(3)。

[70] 何文胜,张保华,吴元生.职业体育联盟竞争平衡的测量与分
析[J].体育科学,2009,29(12).

[71] 鲍明晓.职业体育改革与发展的中国路径[J].体育科研,
2010(3).

[72] 陈晔.我国职业体育俱乐部与政府的双轨博弈分析[J].湘潭
师范学院学报(社会科学版),2009,31(5).

[73] 周武.我国职业体育产业政府规制的现状分析[J].上海体育
学院学报,2009,33(2).

[74] 孙义良,梁小军.我国职业篮球俱乐部现状与发展走向研究
[J].武汉体育学院学报,2008,42(3).

[75] 丁博.从"宏远模式"中分析中国 CBA 篮球俱乐部的未来走
向[J].湖北广播电视大学学报,2008,28(4).

[76] 张纳新.上海东方男篮职业化运行效果与启示[J].广州体育
学院学报,2011,31(2).

[77] 黄海燕,张林.体育赛事的基本理论研究——论体育赛事的
历史沿革、定义、分类及特征[J].武汉体育学院学报,2011
(2).

[78] 杜林颖.体育赛事与城市发展的互动研究[J].浙江体育科
学,2011(3).

[79] 谭建湘,周良君.我国公共体育场馆企业化改革的基本特征

与制度设想[R],国家体育总局政策法规司,2009.

[80] 布伦达.G.匹兹,戴维.K.斯托特勒.体育营销原理与实务[M].沈阳:辽宁科学技术出版社,2005.

[81] 雨彤.营销世界杯[J].现代经济信息,2010(6).

[82] 费瑛.中外体育赞助行为的分析研究[J].体育世界·学术,2006(3).

[83] 张剑利,靳厚忠,秦椿林.论政府对职业体育组织的培育和支持[J].成都体育学院学报,2008(1).

[84] 张守灿.我国职业俱乐部运营缺陷及法律分析[J].湖南医科大学学报(社会科学版),2010,12(2).

[85] 陶占泉,俞诚士.欧洲职业体育俱乐部的主要经营渠道分析及其启示——比赛门票、运动人才及赛事播放权销售探微[J].南京体育学院学报,2009,23(4).

[86] 张辉.关于南京市不同社会阶层人群体育消费特点的探析[J].南京体育学院学报(社会科学版),2008,22(3).

[87] 王晓贞.江苏省新生代城市农民工体育消费现状调查与分析[J].上海体育学院学报,2010,34(1).

[88] 闫琳琳,吴静祎,张需等.澳大利亚休闲体育产业发展的启示[J].成功(教育),2010,(8).

[89] 顾兴全.基于资源观点(RBV)的体育旅游开发研究[J].北京体育大学学报,2011,34(3).

[90] 游松辉.体育休闲产业与城市发展的互动关系[J].上海体育学院学报,2010,35(1).

[91] 郇昌店,等.公共体育服务均等化初探[J].体育文化导刊,2008,(2).

[92] 由"生存体育"迈向"享受体育"[EB/OL].[2011-04-09]

http://opinion.cn.yahoo.com/ypen/20110409/299544.html.

[93] 高雪峰,徐伟宏.改革开放 30 年中国竞技体育发展之路[J].
武汉体育学院学报,2009,43(2).

[94] 熊晓正.关于体育理论与实践几个问题的思考[J].体育文化
导刊,2009,10.

[95] 吴敬琏,等著.供给侧改革[M].北京:中国文史出版
社,2016.

[96] 詹姆斯·A.菲茨西蒙斯.服务管理[M].北京:机械工业出版
社,2013.

[97] 孙智君.产业经济学[M].武汉:武汉大学出版社,2010.

附　录

附录 A:关于球迷的消费行为和满意度的调查问卷

关于职业体育球迷消费行为和满意度研究的调查问卷

第一部分:个人信息

您的年龄:小于 15 岁□　　16 ~ 25 岁□　　26 ~ 35 岁□

　　　　　36 ~ 45 岁□　　46 ~ 55 岁□　　大于 56 岁□

您的性别:男□　　　　女□

您是＿＿＿＿＿＿＿＿＿＿＿迷(填体育项目)

您的教育背景:低于高中□　专科□　本科□　研究生□

博士□

您的职业:学生□　管理人员□　办公室文员□

　　　　　技术工人□　农民□

您的收入(人民币/每月):低于800□　801 ~ 2500□

　　　　　2501 ~ 5000□　5001 ~ 10000□　高于 10000□

第二部分：关于基本情况调查

1. 您真正成为体育迷的年龄是_____

2. 您主要通过谁的影响成为体育迷的？

亲人□ 老师□ 同学□ 朋友□ 球星□ 其他□

3. 在一个体育运动项目中您一般支持几支俱乐部？

1□ 2□ 3□ 4及以上□

4. 您最难忘的体育记忆是_____

5. 您是否购买俱乐部一个赛季的年票？

是□ 否□

6. 您是否梦想过成为职业体育运动员或者体育工作者？

是□ 否□

7. 您主要通过何种方式了解职业体育俱乐部的动态？（可多选）

电视媒体□ 报纸、杂志□ 网站□ 其他□

8. 您认为哪些因素影响您选择所支持的俱乐部？（可多选）

俱乐部实力□ 俱乐部队服设计□ 俱乐部队服的颜色□

俱乐部场馆□ 体育运动员□ 俱乐部所在的城市□

其他□

9. 您是职业体育俱乐部的会员吗？

是□ 否□

10. 您是否购买过您所支持俱乐部的相关产品？

是□ 否□

11. 您每年对于参与职业体育活动相关支出大概是多少？（请填写下面表格）

单位:元

交通	住宿	餐饮	球队产品	会员费	门票	其他

12. 您主要购买俱乐部的哪些产品?(可多选)

俱乐部吉祥物□　俱乐部宣传册□　俱乐部衣物□　有队标的其他产品□　其他□

13. 您主要关注职业俱乐部的哪些方面?(可多选)

俱乐部战绩□　俱乐部的球星□　俱乐部的公益活动□　俱乐部经营管理□　与俱乐部相关的产品□　俱乐部主场气氛□　其他□

14. 您是否支持国外著名职业体育俱乐部?

是□　否□

15. 您认为支持国家队和俱乐部是否矛盾?

是□　否□

16. 您一般通过何种途径了解体育知识?(可多选)

学校体育课□　家庭教育□　朋友介绍□　自学□　媒体□　社区宣传□　俱乐部组织的活动□

17. 您是否有机会近距离接触职业体育俱乐部的队员?

是□　否□

18. 您最喜欢职业联赛中哪些类型的比赛?(可多选)

争夺冠军的比赛□　同城德比□　与国外高水平俱乐部的比赛□　保级的比赛□　俱乐部赛季的所有比赛□

19. 您最不能容忍俱乐部的哪些表现?(可多选)

俱乐部比赛失利□　当家球星转会□　俱乐部管理不利□　俱乐部主场迁移□

20. 您是否随主队到客场观看比赛?

是□ 否□

21. 您对于您所喜欢的运动项目的中国职业联赛环境满意程度如何?

	非常满意	比较满意	一般满意	不太满意	一点不满意
球场质量					
安保状况					
球场服务					
联赛组织					
联赛赛制					
电视转播质量					

第三部分:开放性问题

您对中国的职业联赛有哪些期望?

_____

_____

_____

_____

再次感谢您的帮助!

附录 B:对球迷协会负责人的访谈提纲

专家访谈

采访对象:北京国安球迷协会负责人于洋、石景山区体育协会秘书长陈反修

采访内容:

1.球迷协会概况(协会的性质,成员数量、组织活动情况、开展年限、成员参与情况)。

2.球迷在赛场上支持俱乐部的行为方式和习惯。

3.球迷与俱乐部的互动情况(参与俱乐部活动情况,与球员的互动情况)。

4.球迷协会成员每年组织的活动情况。

5.职业体育俱乐部在经营管理上存在的不足。

6.球迷喜欢的比赛类型及最难忘的比赛记忆。

7.球迷对于俱乐部或者联赛最不能容忍的是什么。

8.对于未来中国职业体育联赛的畅想。

9.中国职业体育最亟待解决的问题。